십자가와
부활

가스펠 프로젝트

신약 **3**

십자가와 부활
중고등부

지은이 · LifeWay Students
옮긴이 · 정복희
감수 · 김병훈, 류호성, 곽상학
초판 발행 · 2018년 10월 8일
2판 1쇄 발행 · 2024년 9월 2일
등록번호 · 제1988-000080호
등록된 곳 · 서울특별시 용산구 서빙고로65길 38
발행처 · 사단법인 두란노서원
영업부 · 02-2078-3352, 3452, 3781, 3752 FAX 080-749-3705
편집부 · 02-2078-3437
디자인 · 땅콩프레스

책값은 뒤표지에 있습니다.
ISBN 978-89-531-4692-1 44230 / 978-89-531-4669-3(세트)

가스펠 프로젝트 홈페이지 · gospelproject.co.kr
두란노몰 · mall.duranno.com

차례

**구원자이신
예수님** 마태복음, 요한복음

첫 번째
이야기

**부활한 왕이신
예수님** 복음서, 사도행전

두 번째
이야기

3

Jesus Saves

발간사

두란노서원을 통해 라이프웨이(LifeWay)의 《가스펠 프로젝트》 성경 공부 교재 시리즈를 발간할 수 있도록 인도하신 하나님께 감사드립니다. 험한 소리로 가득한 세상에 이 책을 다릿돌처럼 놓습니다. 우리 삶은 말씀을 만난 소리로 풍성해져야 합니다. 주님을 만난 기쁨의 소리, 진실 앞에서 탄식하는 소리, 죄를 씻는 울음소리, 소망을 품은 기도 소리로 가득해야 합니다.

《가스펠 프로젝트》는 신구약을 관통하는 예수 그리스도의 복음을 발견하고, 그 가르침을 삶에 적용하는 지혜를 얻도록 기획한 성경 공부 교재입니다. 어린아이부터 어른에 이르기까지 생애주기에 따른 복음 메시지를 잘 배울 수 있습니다. 또한, 거짓 진리가 미혹하는 이 시대에 건강한 신학과 바른 교리로 말씀을 조명하여 성도의 신앙이 좌로나 우로나 치우치지 않도록 돕습니다.

두란노서원은 지금까지 "오직 성경, 복음 중심, 초교파적 관점"을 바탕으로 한국 교회와 성도를 꾸준히 섬겨 왔습니다. 오직 성경의 정신에 입각해 책과 잡지를 출판해 왔으며, 성경에 근거한 복음 중심의 신학을 포기한 적이 없습니다. 그리고 교단과 교파를 초월하여 교회와 성도가 하나님의 나라를 바라볼 수 있도록 돕기 위해 노력해 왔습니다. 《가스펠 프로젝트》는 두란노가 지켜 온 세 가지 가치를 충실하게 담은 책입니다.

성경은 구원을 위한 책이며, 구원사의 주인공은 예수 그리스도입니다. 창세기부터 요한계시록까지 오직 예수 그리스도의 복음만을 전하는 《가스펠 프로젝트》 성경 공부 교재를 통해 복음의 은혜와 진리를 깊이 경험하고, 복음 중심의 삶이 마음 판에 새겨지기를 바랍니다. 그리고 예수 그리스도 복음에 굳게 선 한 사람의 영향력이 가정과 교회와 사회에 흘러감으로써 거룩한 하나님 나라가 확산되어 가기를 소망합니다.

두란노서원 원장 이 형 기

감수사

✦　두란노가 출간하는《가스펠 프로젝트》는 무엇보다도 전통적으로 교회가 풀어 온 흐름을 충실히 따라 성경을 해설하고 있습니다. 그리고 그 방향은 궁극적으로 예수 그리스도를 향해 나아가고 있습니다. 이것은 예수님이 구약과 신약의 모든 성경이 자신을 가리키고 있다고 하신 말씀에 비추어 매우 타당한 것입니다. 게다가 그리스도 중심적 해설을 무리하게 전개하지 않습니다. 각 본문에서 하나님의 구원 언약과 그것을 실현하시는 하나님을 드러내면서, 그리스도의 예표적 설명이 가능한 사건을 놓치지 않고 풀어내고 있습니다.

성경 공부 교재는 명시적으로 혹은 암시적으로 제시하는 교리적 진술이 교리체계상 건전해야 합니다.《가스펠 프로젝트》는 99개 조에 이르는 핵심 교리들을 일목요연하게 제시하여 교리의 건전성을 확인할 수 있도록 도움을 줍니다.《가스펠 프로젝트》의 교리는 교파를 막론하고, 예수 그리스도의 복음에 충실한 복음주의 교회들에게 환영받을 만합니다. 물론 교파마다 약간의 이견을 갖는 부분들이 있을 수 있겠지만 각 교회에서 교재를 활용하는 데에 무리가 없을 것으로 판단합니다.《가스펠 프로젝트》의 특징은 각 과에서 학습한 내용을 핵심 교리와 연결해 주며, 그 결과 그리스도의 복음에 관련한 교리적 이해를 강화시킨다는 데에 있습니다.

끝으로《가스펠 프로젝트》는 어떤 성경 주해서나 교리 학습서가 갖지 못하는 훌륭한 장점을 가지고 있습니다. 그것은 학습자를 하나님과 그리스도의 복음 앞으로 나오도록 이끌며 자신의 신앙과 삶을 돌아보도록 하는 적용의 적실성과 훈련의 효과입니다. 아울러 선교적 안목을 열어 주는 적용 질문들을 더해 준 것은《가스펠 프로젝트》에서 얻을 수 있는 커다란 유익입니다.

《가스펠 프로젝트》는 성경을 개괄적으로 매주 한 과씩, 3년의 기간 동안 일목요연하게, 그리고 그리스도 중심적으로 공부하도록 이끌어 준다는 점에서, 한국 교회의 기초를 성경 위에 놓는 일에 대단히 커다란 공헌을 할 것으로 믿어 의심치 않습니다.

김병훈 _ 합동신학대학원대학교 조직신학 교수

✦　하나님의 말씀이 임하는 곳에는 회복의 역사가 있어서 죽은 뼈들도 힘줄이 생기고 살이 오릅니다(겔 37:8). 왜냐하면 하나님의 말씀은 그 자체에 능력이 있기 때문입니다(눅 1:37). 그분의 말씀은 살아 있고 활력이 있기에 예리하게 혼과 영과 및 관절과 골수를 찔러 쪼개기까지 하며 또 마음의 생각과 뜻을 판단할 것입니다(히 4:12). 하나님의 말씀이 왕성하게 흘러넘쳐 온 세상과 우주를 적실 때에 정의와 사랑(렘 9:24) 그리고 제자의 수가 많아지는 놀라운 부흥을(행 6:7) 경험할 것이고, 악한 세력이 모두 물러가며 새 하늘과 새 땅이 다가올 것입니다.

이를 위해 작은 등불의 역할을 할《가스펠 프로젝트》는 다음과 같은 특징이 있습니다. 첫째는 성경 전체를 '그리스도 중심'으로 바라본 것입니다. 오실 그리스도(구약)와 오신 그리스도 그리고 앞으로 다시 오실 그리스도(신약)의 관점에서 구약성경과 신약성경을 서로 연결시켜서, 그 속에 담긴 놀라운 하나님의 구원 역사를 보게 합니다. 둘째는 같은 본문으로 교회와 가정 그리고 전 연령층에서 그리스도의 사랑을 배우게 합니다. 이는 특히 가정에서 소통할 기회를 제공하고 사랑과 정의를 실천하는 성숙한 그리스도인으로 성장하도록 이끌어 줍니다. 셋째는 신학적 주제와 기초 교리를 이해하기 쉽게 설명한 것입니다. 이는 영적 분별력 향상에 도움을 줍니다. 넷째는 배운 것을 복음의 씨앗을 뿌리는 선교와 연결시키며 하나님이 주신 사명을 실천하도록 이끄는 것입니다. 이는 복음의 열정을 회복시켜 줍니다.

그러므로 모든 교단과 교파를 초월해서, 하나님의 섬세한 구원의 손길과 그리스도의 숭고한 십자가의 사랑 그리고 거룩함으로 인도하는 성령님의 인도하심을 배울 수 있을 것입니다. 그래서 《가스펠 프로젝트》를 통해 하나님의 말씀이 한반도에 흘러넘칠 뿐만 아니라, 복음의 열정을 품고 전 세계로 향하는 많은 전도자들을 세워 갈 것입니다.

류호성 _ 서울장신대학교 신약학 교수

✝ 일반적으로 교육의 3요소를 교육 주체인 교사, 교육 객체인 학생, 교육 내용인 교육 과정(curriculum)이라고 말합니다. 기독교 교육 또한 교회 학교 교사나 가정의 부모가 교육 주체가 되어 다음 세대인 청소년들에게 복음이 담긴 성경을 가르치는 것입니다. 교육 과정을 제외하고는 공교육과 기독교 교육이 본질적으로 다를 수 없는데, 시대의 요청이나 학습자의 역량에 따라 교육 과정이 바뀌는 공교육과 달리, 성경이라는 절대 진리가 교육 과정인 기독교 교육은 수요자 중심의 창의적 상호 작용 등 교육 방법론에 취약점을 보인 것이 사실입니다.

《가스펠 프로젝트》는 객관론적인 인식론에 근거한 프로젝트 수업을 염두에 두었기 때문에, 안내하고 조력하는 교사의 역할 수행과 자연스럽고도 적극적인 학생들의 반응이 만나 성경의 내용을 '지금 그리고 여기'를 사는 '나'와 접목시켜 진지하게 대면하게 합니다. 매 과마다 청소년 설교 제목과 같은 감각적인 제목으로 문을 열고 들어가 'HIS STORY'를 만나게 됩니다. 그뿐 아니라 연대표('TIME LINE'), '알짬 교리 99' 등은 다소 지루할 수 있는 성경의 이야기를 청소년 특유의 감성으로 그들의 지적 호기심을 채워 주기에 충분합니다. 또한 '그리스도와의 연결'로 구속사적 흐름을 놓치지 않고 그리스도의 복음을 충실히 따르고 있습니다. 영원불변하는 하나님의 말씀이 21세기에 대한민국에서 살아가는 중학생, 고등학생의 실제 이야기로 잘 구현되도록 한 'YOUR STORY', 그리고 'HEAD'(생각)와 'HEART'(마음)가 어떻게 'HANDS'(행동)로 이어지는가에 대한 'YOUR MISSION'은 성경 공부의 매우 중요한 연결 고리가 될 것입니다.

《가스펠 프로젝트》는 그리스도 중심의 성경 공부 교재이자, 성경 전체를 꿰뚫는 복음의 알파와 오메가로서 이 시대에 새로운 기독교 교육의 이정표가 될 것을 확신합니다.

곽상학 _ 전 온누리교회 협동 목사

추천사

우리 시대의 전 세계적 교회 부흥은 두 가지 샘을 가지고 있습니다. 한 샘은 오순절 부흥 운동의 샘입니다. 이 샘으로 많은 시대의 목마른 영혼들이 목마름을 해갈했습니다. 또 하나의 샘은 성경 연구의 샘입니다. 남침례교 주일학교 운동은 이 샘의 개척자입니다. 이 샘으로 지금도 많은 성도가 목마름을 해갈하고 있습니다. 미국 남침례교 라이프웨이 출판사는 이러한 사역을 충실히 감당해 왔습니다. 《가스펠 프로젝트》는 모든 필요를 공급하는 원천이 될 것입니다. 《가스펠 프로젝트》로 한국 교회의 목마름이 해갈되기를 기도합니다. 《가스펠 프로젝트》는 쉬우면서도 결코 피상적이지 않습니다. 믿음의 단계를 따라 하나님의 자녀들에게 꼭 필요한 복음의 진수를 맛보게 해 줄 것입니다. 이 체계적인 교재로 이 땅에 새로운 영적 르네상스가 일어나기를 기대합니다.

이동원 _ 지구촌교회 원로목사, 지구촌 미니스트리 네트워크 대표

성경은 그 깊이와 너비를 측량하기 어려운 광활한 바다입니다. 이 바다를 무턱 대고 항해하다 보면 장구한 역사의 파도와 다양한 문학 양식이라는 바람에 의해 표류하기 쉽습니다. 그런 점에서 《가스펠 프로젝트》는 참 훌륭한 나침반입니다. 건전한 교리를 바탕으로 성경 어디에서나 그리스도를 발견하도록 돕고, 복음이라는 항구에 이르도록 이끌어 줍니다. 말씀의 바다를 항해하는 모든 분들에게 큰 유익을 줄 것입니다. 기쁜 마음으로 추천합니다.

허요환 _ 안산제일교회 담임 목사

성경은 예수 그리스도를 중심으로 하는 하나님의 구원 이야기입니다. 성경을 가르치는 일은 하나님의 구원에 동참하는 하나님의 사람을 만드는 일이며, 하나님의 사람의 탁월한 모델은 바로 예수 그리스도입니다. 《가스펠 프로젝트》는 예수 그리스도를 중심으로 성경을 배웁니다. 성경이 어떻게 그리스도와 연결되어 있는지, 또 성도의 삶이 그리스도를 중심으로 하는 하나님의 구원 계획에 어떻게 연결되어야 하는지 구체적으로 제시합니다.

특히 《가스펠 프로젝트》는 하나의 본문을 각 연령에 맞게 구성한 교재를 제공해 하나의 본문으로 전 세대를 연결하고, 가정과 교회를 하나 되게 합니다. 신앙의 전수가 중요한 시대에 성도와 교회와 가정이 한마음으로 다음 세대를 준비시키기에 적합합니다. 특히 가정에서 부모가 자녀와 말씀으로 대화를 나눌 수 있게 해 자녀 신앙 교육에 도움이 될 것입니다.

《가스펠 프로젝트》가 주일학교부터 장년에 이르기까지 전 교회와 성도의 각 가정에서 사용되어 예수 그리스도를 통한 하나님의 가스펠 프로젝트가 성취되기를 기도하면서 기쁨과 확신으로 추천합니다.

이재훈 _ 온누리교회 담임 목사

✟　《가스펠 프로젝트》는 성경을 예수 그리스도 중심으로 심도 있게 살피도록 도우면서, 또한 그것을 이야기 형식으로 제시하며 실질적으로 적용하도록 이끄는 탁월함이 보입니다. 이는 청소년들이 자연스럽게 주변 또래들에게 자신이 경험한 예수 그리스도와 복음에 대해 나눌 수 있게 합니다.

왕동식 _ 서울YFC(십대선교회) 대표, 청소년사역자
협의회 회장

✟　《가스펠 프로젝트》는 복음주의적인 관점에서 성경을 이해하며 성경적 가치관을 형성하는 데 큰 도움을 줍니다. 특히 예수 그리스도를 모든 과에서 그 중심에 두어 구속사적으로 이해할 수 있도록 돕습니다. 또한 각 과별 주제도 친근할 뿐 아니라 다음 세대의 눈높이에 맞추고 있어서 적극 추천합니다.

황성건 _ (사)청소년선교횃불 대표, 소금과빛 국제학교
운영 이사

✟　《가스펠 프로젝트》는 하나님의 말씀으로 우리를 초청해서 예수 그리스도를 만나게 하고 사랑하게 만드는 훌륭한 교재입니다. 자녀들이 교회 학교에서, 부모들이 소그룹에서 말씀을 공부한 후에 저녁 식탁에 둘러앉아 예수님에 대해 함께 나눌 수 있다는 것은, 상상만 해도 너무나도 멋지고 복된 일입니다.

김지철 _ 전 소망교회 담임 목사

✟　《가스펠 프로젝트》를 펼치는 순간 가슴이 뛰었습니다. 이 시대를 살아가는 모든 그리스도인에게 꼭 필요한 성경의 핵심적 내용을 쉬우면서도 흥미롭게 펼쳐 내면서 성경을 깊이 알아 가는 기쁨과 구체적인 적용을 돕고 있기 때문입니다. 무엇보다도 가장 뛰어난 점은, 성경의 중심이 되는 예수님을 충실하게 드러낸다는 점입니다. 그러므로 복음 프로젝트를 성실하게 따라가다 보면 예수님을 통해 완성하시는 하나님의 구원 역사 프로젝트가 드러날 것이고, 나아가 하나님 나라가 우리 삶에 한층 가까워질 것입니다. 이 시리즈를 통해 체계적인 '가정 제자 훈련'과 '성경 공부'를 정착시키는 가운데 한국 교회와 이민 교회에 거룩한 부흥의 불길이 일어나길 기대합니다.

류응렬 _ 와싱톤중앙장로교회 담임 목사, 고든콘웰신학대학원
객원 교수

✟　성경이 가르치는 구원의 도리인 교리를 성경 본문을 통해 배우기가 쉽지 않기 때문에 좋은 안내서가 필요합니다. 《가스펠 프로젝트》는 이와 같은 역할을 탁월하게 수행하고 있기 때문에 기쁜 마음으로 추천합니다.

이성호 _ 고려신학대학원 역사신학 교수

✟　사역 현장에서는 하나님의 말씀을 효율적으로 가르칠 수 있는 좋은 방법과 교재에 늘 목말라합니다. 그런 점에서 그 필요를 잘 충족해 줄 교재가 출간되어 기쁜 마음으로 추천합니다.

김운용 _ 장로회신학대학교 실천신학 교수

일러두기

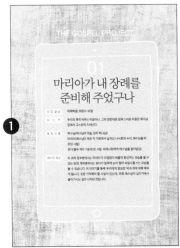

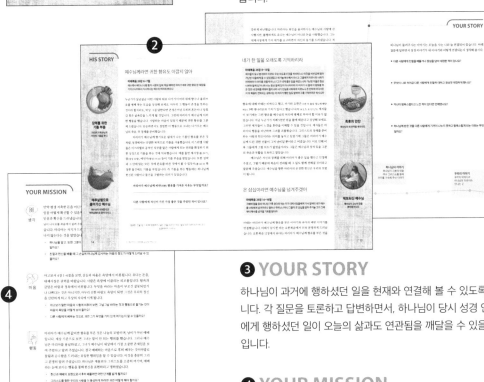

❶ INTRO

'HIS STORY'에서 다룰 내용을 간략히 소개하면서 시작합니다. '성경 말씀'에서는 해당 성경 구절을, '포인트'에서는 핵심 내용을, '등장인물'에서는 본문에 누가 나오는지를, '메시지 좌표'에서는 본문에서 다루는 내용을 소개합니다.

❷ HIS STORY

성경의 개요를 따르며 하나님이 구속사에서 행하신 역사에 초점을 맞춰 본문을 살펴봅니다. 본문과 연결되는 기독교 핵심 교리를 소개하는 '알짬 교리 99', 성경을 시간 순으로 바라보도록 그림과 함께 정리한 '연대표', 본문과 주제가 어떻게 예수 그리스도를 가리키는지 그 상관성을 살피는 '그리스도와의 연결'이 있습니다.

❸ YOUR STORY

하나님이 과거에 행하셨던 일을 현재와 연결해 볼 수 있도록 합니다. 각 질문을 토론하고 답변하면서, 하나님이 당시 성경 인물에게 행하셨던 일이 오늘의 삶과도 연관됨을 깨달을 수 있을 것입니다.

❹ YOUR MISSION

하나님의 이야기가 우리 삶에 어떤 변화를 일으킬 수 있는지를 보게 합니다. 단순한 성경 지식 공부를 넘어서, 사명감을 가지고 이 세상을 살아가라는 하나님의 부르심을 깨닫는 시간이 될 것입니다.

가스펠 프로젝트 홈페이지(gospelproject.co.kr)에서 다양한 자료를 만나 볼 수 있습니다.

구원자이신
예수님

마태복음, 요한복음

요한복음

13장 13~15절

너희가 나를 선생이라 또는 주라 하니 너희 말이 옳도다 내가 그러하다 내가 주와
또는 선생이 되어 너희 발을 씻었으니 너희도 서로 발을 씻어 주는 것이 옳으니라
내가 너희에게 행한 것같이 너희도 행하게 하려 하여 본을 보였노라

01

마리아가 내 장례를 준비해 주었구나

성 경 말 씀 ── 마태복음 26장 6~16절

포 인 트 ── 우리의 후히 베푸는 마음이나, 그와 정반대로 탐욕스러운 마음은 예수님 앞에서 고스란히 드러난다.

등 장 인 물 ── 예수님(하나님의 아들, 성자 하나님)
마리아(예수님이 죽은 자 가운데서 살리신 나사로의 누이, 예수님을 따르던 사람)
유다(열두 제자 가운데 한 사람, 대제사장에게 예수님을 팔아넘김)

메시지 좌표 ── 이 과의 앞부분에서는 마리아가 아낌없이 베풀며 헌신하는 모습을 볼 수 있는 반면, 뒷부분에서는 유다가 탐욕에 눈이 멀어 속임수를 쓰는 모습을 볼 수 있습니다. 이 이야기를 통해 우리에게 중요한 덕과 죄에 대해 배우게 됩니다. 또한 기억해야 할 사실이 있는데, 바로 예수님이 십자가에서 돌아가시는 일이 시작된 것입니다.

예수님께라면 귀한 향유도 아깝지 않아

마태복음 26장 6~7절
예수께서 베다니 나병 환자 시몬의 집에 계실 때에 한 여자가 매우 귀한 향유 한 옥합을 가지고 나아와서 식사하시는 예수의 머리에 부으니

누군가가 살금살금 어떤 사람의 뒤로 다가가서 머리 위에 향수나 올리브유를 병째 붓는 모습을 상상해 보세요. 아무리 그 행동이 존경을 뜻하는 것이라 할지라도, 막상 그걸 당한다면 존경은커녕 오히려 혼돈이나 당혹감 혹은 굴욕감을 느끼게 될 것입니다. 그런데 마리아가 예수님께 이러한 행동을 했습니다. 사랑하는 마음이 있었기 때문에 귀한 향유를 그분께 드렸습니다. 단순하면서도 장엄한 이 행동으로 그녀는 다가오는 예수님의 죽음, 즉 장례를 준비했습니다.

마리아가 예수님께 향기로운 냄새가 나는 기름인 향유를 부은 것처럼, 성경에서는 다양한 목적으로 기름을 사용했습니다. 이스라엘 사람들은 이스라엘의 공적인 직무를 맡은 사람에게 또는 권위를 확정하기 위한 상징으로 기름을 붓는 것에 익숙했습니다. 예를 들면 제사장(출 29:7), 왕(삼상 10장), 예언자(왕상 19:16) 등이 기름 부음을 받았습니다. 또한 성막과 그 안에 있는 모든 것에 관유를 바른 것에서 볼 수 있듯이(출 40:9) 특정한 물건에도 기름을 부었습니다. 즉 기름을 붓는 행동에는 하나님께 헌신된 사람이나 물건을 구별하는 의미가 있었습니다.

마리아가 예수님께 비싼(귀한) 향유를 가져온 이유는 무엇일까요?

_____

다른 사람에게 자신이 가진 가장 좋은 것을 주었던 적이 있나요?

_____

영원한 것을 얻기 위해 간직할 수 없는 것을 버리는 자는 어리석은 자가 아닙니다.
짐 엘리어트 Jim Elliot

장례를 위한 기름 부음

마리아가 예수님의 머리에 기름을 붓다.

예루살렘으로 들어가신 예수님

예수님이 나귀를 타고 예루살렘으로 들어가시다.

네가 한 일을 오래도록 기억하리라

> **마태복음 26장 8~13절**
> 제자들이 보고 분개하여 이르되 무슨 의도로 이것을 허비하느냐 이것을 비싼 값에 팔아 가난한 자들에게 줄 수 있었겠도다 하거늘 예수께서 아시고 그들에게 이르시되 너희가 어찌하여 이 여자를 괴롭게 하느냐 그가 내게 좋은 일을 하였느니라 가난한 자들은 항상 너희와 함께 있거니와 나는 항상 함께 있지 아니하리라 이 여자가 내 몸에 이 향유를 부은 것은 내 장례를 위하여 함이니라 내가 진실로 너희에게 이르노니 온 천하에 어디서든지 이 복음이 전파되는 곳에서는 이 여자가 행한 일도 말하여 그를 기억하리라 하시니라

향유에 대해 마태는 비싸다고 했고, 마가와 요한은 (1년 치 품삯 정도에 해당하는) 3백 데나리온의 가치가 있다고 했습니다(막 14:3, 5; 요 12:3, 5). 제자들이 보기에는 그런 향유를 예수님의 머리에 병째로 부어야 할 이유가 없었습니다. 지금 누군가가 지폐 5천만 원을 불에 태운다고 상상해 보세요. 그러면 제자들이 느꼈을 혼란을 이해할 수 있을 것입니다. 제자들은 마리아의 행동을 비난하며 그녀를 괴롭혔습니다. 그리스도의 장례를 준비하는 사랑과 헌신이라는 의미를 놓치고 있었기에 그들은 마리아가 예수님께 드린 귀한 선물이 그저 낭비일 뿐이라고 여겼습니다. 이로 인해 비록 그들에게 그럴 의도가 없었을지라도 그들은 예수님과 장차 있을 그분의 죽음과 부활을 모욕하고 말았습니다.

　예수님은 자신의 장례를 위해 마리아가 좋은 일을 했다고 여기셨기 때문에 복음이 전파될 때 그 일도 함께 전해질 것이라고 말씀해 주셨습니다. 예수님을 향한 마리아의 온전한 헌신은 우리의 모범이 됩니다.

최후의 만찬

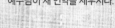

예수님이 새 언약을 세우시다.

은 삼십이라면 예수님을 넘겨주겠어

> **마태복음 26장 14~16절**
> 그때에 열둘 중의 하나인 가룟 유다라 하는 자가 대제사장들에게 가서 말하되 내가 예수를 너희에게 넘겨주리니 얼마나 주려느냐 하니 그들이 은 삼십을 달아 주거늘 그가 그때부터 예수를 넘겨줄 기회를 찾더라

마태는 마리아가 예수님께 향유를 부은 이야기와 유다의 배반 이야기를 연결했습니다. 마태가 암시한 바는 요한복음에서 더욱 분명하게 드러났습니다. 요한복음 12장에서 유다는 마리아가 예수님께 향유를 부은 것을 강하게 비난했습니다. 마리아는 죄인을 용서하시는 예수님의 사랑에 감

체포되신 예수님

예수님이 고난의 잔을
받아들이시다.

사했지만, 불행하게도 유다는 예수님이 아니라 돈을 사랑했습니다. 그는 대제사장에게 가서 대가를 요구하면서 자신의 동기를 드러냈습니다. 처음부터 종교적이거나 신학적인 관심이 없는, 단지 탐욕에 이끌린 사람이었습니다.

마리아와 유다의 모습은 서로 극명한 대조를 이루고 있습니다. 마리아는 죄를 용서하시는 예수님을 위해 기꺼이 재산을 버렸고, 유다는 재산을 얻기 위해 기꺼이 예수님을 버렸습니다.

희생 제물이신 그리스도 알짬 교리 **99**

구약성경에는 세상 죄를 지고 희생하신 하나님의 어린양 그리스도를 예표하는 몇 가지 징조와 상징과 신호가 있습니다. 구약의 희생 제사에서는 제물로 죄를 없애지 못했습니다(히 10:4), 하지만 그리스도께서는 십자가에 달려 희생하심으로써 죄를 영원히 '단번에 모두' 없애셨습니다.

십자가에 못 박히심

예수님이 우리를 위해
대속 제물이 되시다.

그리스도와의 연결

남에게 선대할지라도 그 동기가 칭찬을 받거나 어떤 대가를 얻으려는 것이라면, 그것은 탐욕보다 더 지독하다고 할 수 있습니다. 극악한 탐욕 때문에 너그러움을 잃어버린다면, 그것은 하나님의 부르심을 자신의 안락보다 못하게 여기는 마음을 드러냅니다. 또한 하나님보다 다른 것을 더 소중히 여기고, 그리스도의 영광보다 자신의 영광을 더 갈망한다는 것을 보여 줍니다.

성경은 하나님 백성의 특징을 "즐겨 내는 자"(고후 9:7)라고 분명하게 기록합니다. 가끔 우리의 마음이 선대와 탐욕으로 뒤죽박죽될 때가 있습니다. 그때도 성령의 권능은 우리로 하여금 회개하고 하나님께 영광을 돌리도록 합니다. 하나님은 넘치는 사랑으로 우리를 위해 그분의 아들을 내어 주셨습니다. 이와 같이 하나님은 그분의 백성이 예배하며 헌신을 행하도록 부르시고 이끌어 주십니다. 그러므로 우리는 구원자 예수님께 사랑과 헌신을 아낌없이 바치는 모범을 보여 준 마리아를 본받아야 할 것입니다.

부활하신 예수님

하나님의 아들이 부활하시다.

하나님이 들려주시는 이야기는 오늘을 사는 나와 늘 연결되어 있습니다. 아래 질문에 답하면서 성경 이야기가 내 이야기와 어떻게 연결되는지 생각해 봅시다.

▶ 다른 사람에게 친절을 베풀거나 정성을 담아 대접한 적이 있나요?

▶ 무엇이 나로 하여금 다른 사람에게 친절히 대하고 정성껏 대접하게 했나요?

▶ 자신이 탐욕스럽다고 느낀 적이 있다면 언제였나요?

▶ 하나님께 받은 것을 다른 사람에게 기꺼이 나누지 못하고 탐욕스럽게 되는 이유는 무엇일까요?

하나님의 이야기
하나님이 그분의 아들
예수 그리스도를 통해
우리를 구속해 주신 이야기

우리의 이야기
우리의 이야기가
하나님의 이야기와
만나는 곳

17

YOUR MISSION

생각

만약 평생 저축한 돈을 어딘가에 투자한다고 생각해 봅시다. 과연 그 선택이 최상임을 어떻게 확신할 수 있을까요? 마리아는 친절과 헌신뿐 아니라 예수님에 대한 믿음과 확신을 드러냈습니다. 마리아는 예수님의 능력을 직접 목격했습니다(예수님이 나사로를 죽음에서 살려 주셨습니다). 그래서 마리아는 망설임 없이 드릴 수 있었습니다. 마리아는 자기가 드린 향유가 그것을 주신 분의 무한한 가치의 일부에 지나지 않는다는 것을 알았습니다.

- 하나님을 알고, 또한 그분이 행하신 일을 알 때 친절과 헌신을 행할 수 있는 이유는 무엇일까요?
- 친절과 헌신을 베풀 때 그 손길에 하나님께 감사하는 마음의 정도가 어떻게 드러날 수 있을까요?

마음

야고보서 4장 1~4절을 보면, 갈등과 싸움은 욕망에서 비롯됩니다. 유다는 돈을, 대제사장은 권력을 바랐습니다. 사람은 욕망에 이끌리는 피조물입니다. 탐욕과 갈망은 바람과 정욕에서 비롯됩니다. 무엇을 바라는 마음이 무조건 잘못되었거나 나쁘다는 것은 아니지만, 아무리 선한 바람도 욕망이 되면 그것은 우리의 정신을 산란하게 하고 우상의 자리에 서게 됩니다.

- 야고보가 말한 마음의 시험에 비추어 보면, 그날그날 바라는 것과 행동으로 옮기는 것이 마음의 욕망을 어떻게 보여 줄까요?
- 다른 사람에게 베푸는 것으로, 과연 그가 무엇을 가치 있게 여기는지 알 수 있을까요?

행동

마리아가 예수님께 값비싼 향유를 부은 것은 나눔의 모범이며, 낭비가 아닌 예배입니다. 세상 기준으로 보면 그녀는 말이 안 되는 행위를 했습니다. 그러나 예수님은 마리아를 용납하셨고, 그녀가 예수님이 세상에서 가장 소중한 존재임을 보여 주었다고 알려 주셨습니다. 결국 예배하는 마음으로 후히 베푸는 것이야말로 참됨과 순수함을 드러내는 유일한 행위임을 알 수 있습니다. 이것을 충분히 그리고 분명히 알려 주셨습니다. 하나님은 재물보다 그리스도를 소중히 여기며, 예배라는 눈에 보이는 행동을 통해 헌신을 표현하라고 명하셨습니다.

- 헌신과 예배의 표현으로서 후히 베풀려면 어떤 단계를 밟게 될까요?
- 그리스도를 향한 우리의 사랑을 더 풍성하게 하려면 과연 어떻게 해야 할까요?

> 다음 모임까지 에스겔 9~16장을 읽어 보세요.

02

예루살렘 성문을
열어라

성경 말씀	마태복음 21장 1~17절
포 인 트	예수님은 참 예배를 회복하기 위해 오신 구원자이시다.
등 장 인 물	예수님(하나님의 아들, 성자 하나님)
메시지 좌표	그리스도께서 십자가에 못 박히시기까지의 마지막 주간을 '고난주간'이라고 합니다. 이때 예수님의 예루살렘 입성과 성전 정화 사건 등 몇 가지 주목할 만한 사건이 일어났습니다. 믿기 어려울 정도로 엄청난 구약의 예언이 유월절에 이르기까지 모두 이루어졌습니다.

**예루살렘으로
들어가신 예수님**

예수님이 나귀를 타고
예루살렘으로 들어가시다.

최후의 만찬

예수님이 새 언약을 세우시다.

호산나, 나귀를 타고 오시네

마태복음 21장 1~11절

그들이 예루살렘에 가까이 가서 감람산 벳바게에 이르렀을 때에 예수께서 두 제자를 보내시며 이르시되 너희는 맞은편 마을로 가라 그리하면 곧 매인 나귀와 나귀 새끼가 함께 있는 것을 보리니 풀어 내게로 끌고 오라 만일 누가 무슨 말을 하거든 주가 쓰시겠다 하라 그리하면 즉시 보내리라 하시니 이는 선지자를 통하여 하신 말씀을 이루려 하심이라 일렀으되 시온 딸에게 이르기를 네 왕이 네게 임하나니 그는 겸손하여 나귀, 곧 멍에 메는 짐승의 새끼를 탔도다 하라 하였느니라 제자들이 가서 예수께서 명하신 대로 하여 나귀와 나귀 새끼를 끌고 와서 자기들의 겉옷을 그 위에 얹으매 예수께서 그 위에 타시니 무리의 대다수는 그들의 겉옷을 길에 펴고 다른 이들은 나뭇가지를 베어 길에 펴고 앞에서 가고 뒤에서 따르는 무리가 소리 높여 이르되 호산나 다윗의 자손이여 찬송하리로다 주의 이름으로 오시는 이여 가장 높은 곳에서 호산나 하더라 예수께서 예루살렘에 들어가시니 온 성이 소동하여 이르되 이는 누구냐 하거늘 무리가 이르되 갈릴리 나사렛에서 나온 선지자 예수라 하니라

국가의 경축 행사나 외국 사절 환영을 위해 의장대가 음악을 연주하며 의식을 거행하고, 사람들은 길거리에서 손을 흔드는 모습을 본 적이 있을 것입니다. 마태복음 21장에서도 이와 같은 환호를 볼 수 있습니다.

예수님은 기름 부음을 받은 왕으로서 예루살렘에 입성하셨습니다. 이스라엘 백성들이 오랫동안 기다려 왔던 메시아께서 드디어 오신 것입니다. 그들이 겪었던 슬픔이 사라지고, 소망과 갈망이 바로 눈앞에서 성취되는 순간입니다. 메시아 입성의 중요성을 깨달은 무리가 나귀를 타고 예루살렘으로 들어오시는 왕 앞에 자신들의 겉옷과 종려나무 가지를 깔았습니다. 이것은 왕을 위한 최고의 대우였습니다. 그리고 그들은 외쳤습니다. "기름 부음 받은 왕이 오신다! 우리가 오랫동안 기다려 왔던 메시아께서 드디어 오셨다!"

강도의 소굴로 만들다니!

마태복음 21장 12~13절

예수께서 성전에 들어가사 성전 안에서 매매하는 모든 사람들을 내쫓으시며 돈 바꾸는 사람들의 상과 비둘기 파는 사람들의 의자를 둘러엎으시고 그들에게 이르시되 기록된 바 내 집은 기도하는 집이라 일컬음을 받으리라 하였거늘 너희는 강도의 소굴을 만드는 도다 하시니라 익숙한 예수님의 모습이 있습니다. 주로 무릎을 꿇은 아이들 옆에 앉아 계시거나, 양 한 마리를 품에 안고 계시거나, 낯선 사람을 안고 계시는 모습입니다. 그림 속 예수님은 항상 웃음을 띤 채 행복한 모습입니다. 예수님을 '행복한 히피족'처럼 보는 문화의 관점에서는 화를 내거나 슬퍼하시는 예수님의 모습이 정말 낯설 수밖에 없습니다.

이와 달리 성경은 고난받는 겸손하신 예수님을 보여 줍니다. 학교에 가기 싫거나 해야 할 일 때문에 불만을 품는 우리와 달리, 그리스도께서는 거룩해야 할 곳이 거룩하지 못해 불만을 드러내셨습니다. 성전에서 장사꾼을 몰아내실 때, 예수님은 공정 무역에 관한 비판이나 경제 정책에 관한 의견을 개진하지 않으셨습니다. 그 대신에 성전은 장사하는 곳이 아니며 또한 장사할 때가 아님을 선포하셨습니다. 사실, 예수님은 옷장을 정리하려면 서랍에서 옷을 다 꺼내야 하듯이 성전을 정화해야 함을 드러내시고자 그 표시로 성전을 뒤집어엎으셨던 것입니다.

예수님의 행동에 놀랐나요? 또는 놀라지 않았나요?

이 일이 일어나는 동안 예수님과 함께 있거나 성전 안에 있었다면 나는 어떻게 반응했을까요?

체포되신 예수님

예수님이 고난의 잔을
받아들이시다.

아픈 자들아, 모두 내게로 오라

마태복음 21장 14~17절
맹인과 저는 자들이 성전에서 예수께 나아오매 고쳐 주시니 대제사장들과 서기관들이 예수께서 하시는 이상한 일과 또 성전에서 소리 질러 호산나 다윗의 자손이여 하는 어린이들을 보고 노하여 예수께 말하되 그들이 하는 말을 듣느냐 예수께서 이르시되 그렇다 어린 아기와 젖먹이들의 입에서 나오는 찬미를 온전하게 하셨나이다 함을 너희가 읽어본 일이 없느냐 하시고 그들을 떠나 성 밖으로 베다니에 가서 거기서 유하시니라

장사꾼과 동물이 성전에서 쫓겨나자 상처받은 자, 버림받은 자, 상한 자가 성전에 들어오기 시작했습니다. 눈먼 자와 다리를 저는 자와 어린아이가 예수님의 말씀을 듣고 예수님을 만지기 위해 다가왔습니다. 예수님은 그들을 모두 치유해 주셨습니다. 성전은 주님을 향해 호산나를 외치

십자가에 못 박히심

예수님이 우리를 위해
대속 제물이 되시다.

는 아이들의 소리로 소란스러웠습니다.

　　그러는 동안, 이 모습을 조용히 지켜보는 사람들이 있었습니다. 그들은 마치 자신들의 권위와 영광이 예수님의 발밑에서 부서져 흩어지기라도 하는 듯이 경멸의 눈빛을 보냈습니다.

제사장과 서기관은 예수님을 어떻게 비난했나요?

_____

예수님은 그들을 어떻게 대하셨나요?

_____

부활하신 예수님
하나님의 아들이 부활하시다.

성령의 전

알짬 교리 **99**

성령님은 개인적으로 또한 공동체적으로 교회 안에 거하십니다(고전 3:16~17; 12:13). 우리는 성령님이 거하시는 '성령의 전'으로서, 성령님의 역사로만 맺을 수 있는 유익한 열매를 맺으며 이전과 다른 삶을 삽니다(갈 5:22~23). 우리 안에 거하시는 이 성령님은 사명을 이루는 사역에 필요한 은사를 교회의 각 사람에게 제공하십니다(고전 12:11).

그리스도와의 연결

예수님은 나귀를 타고 예루살렘에 입성하심으로써 오실 메시아에 관한 구약의 예언을 성취하셨습니다. 예수님은 성전에서 장사꾼을 내쫓고, 상을 뒤집어엎으심으로써 탐욕을 위해 하나님의 집을 잘못 사용한 자에게 심판을 선포하셨습니다. 그러고 나서 예수님은 하나님 백성의 죄를 대신해, 파괴되고 다시 일으켜질 성전으로서 자신의 몸을 내어 주셨습니다.

뜨거워진 마음
모든 성경이 예수님을 가리키다.

> 주의 이름으로 그분이 오심을 열렬한 애정으로 즐거이 환호하십시오.
> 우리를 위로하기 위해, 그분의 영광을 위해 오시기 때문입니다.
> 우리는 그분에게서 복을 받았으니, 그분을 복되다고 말할 수 있을 것입니다.
> 우리를 은총으로 만나 주시니, 우리도 받은 복으로 그분을 따라갈 수 있을 것입니다.
> 매튜 헨리 Matthew Henry

하나님이 들려주시는 이야기는 오늘을 사는 나와 늘 연결되어 있습니다. 아래 질문에 답하면서 성경 이야기가 내 이야기와 어떻게 연결되는지 생각해 봅시다.

▶ 왜 예언자들은 왕이신 메시아가 나귀를 타고 예루살렘으로 들어오신다고 예언했을까요? 이것으로 예수님의 겸손에 관해 무엇을 알 수 있나요?

▶ 일반적인 분노와 거룩한 분노의 차이는 무엇일까요?

▶ 예수님이 성전을 정결하게 하신 동기는 무엇일까요? 이것이 오늘날 우리에게 깨닫게 하는 바는 무엇인가요?

▶ 이 과에서 새롭게 배운 중요한 교훈은 무엇인가요?

하나님의 이야기
하나님이 그분의 아들
예수 그리스도를 통해
우리를 구속해 주신 이야기

우리의 이야기
우리의 이야기가
하나님의 이야기와
만나는 곳

YOUR MISSION

생각

예수님이 나귀를 탄 채로 예루살렘으로 들어오셨다는 것이 매우 중요합니다. 이것이 처음이 아님을 우리는 열왕기상 1장 32~35절을 보면 알 수 있습니다. 유대인의 왕이 노새를 타고 예루살렘으로 들어온 적이 있었기 때문입니다. 분열하기 전 이스라엘 왕국의 마지막 위대한 왕이었던 솔로몬이 노새를 탄 채로 예루살렘으로 들어왔습니다. 다윗의 아들이 왕으로서 기름 부음 받기 위해 노새를 타고 들어온 것입니다. 그러나 훗날, 더 위대한 다윗의 자손께서 영원히 다스리시기 위해 예루살렘으로 들어오셨습니다.

- 예수님이 구약의 예언을 성취하셨다는 사실이 중요한 이유는 무엇일까요?
- 예수님이 구약의 모든 예언을 성취하셨다는 것을 확신하나요?

마음

'호산나'의 복음은 그리스도께서 우리를 구원하려고 오셨음을 의미합니다. 예수님을 보고 듣고 만지기 위해 온 눈먼 자들과 저는 자들과 아이들처럼 우리도 치유를 받을 수 있습니다. 예수님은 신실함 그 자체이십니다. 불성실한 우리 마음속에 참 예배를 회복하기 위해 오신 왕이십니다. 그분은 차가운 마음이나 미지근한 마음을, 주님을 향한 뜨겁고 진정한 찬양으로 넘칠 수 있도록 바꿔 주실 수 있습니다.

- 그리스도 안에서 찬양으로 넘쳐나는 기쁨과 희망을 경험해 본 적이 있나요?
- 찬양과 예배를 드리는 삶이란 무엇일까요?

행동

주님만이 주실 수 있는 구원에 대한 소식을 담대하고 자신 있게 다른 사람에게 전할 수 있는 것은 오로지 예수님이 우리를 위해 이루신 일에 근거합니다. 복음을 한 번도 들어보지 못한 사람이나 미지근한 예배로 어려움을 겪는 신자의 삶을 뒤집어엎어 변화시킬 수 있는 유일하신 분인 예수님을 전하는 것은 쉬운 일입니다.

- 하나님의 영광을 위하는 열망에 이끌려 본 적이 있나요?
- 하나님의 영광에 이끌릴 때, 우리의 행동과 태도는 어떻게 변할까요?

> 다음 모임까지 에스겔 17~24장을 읽어 보세요.

최후의 만찬이
될 줄이야

성 경 말 씀	마태복음 26장 26~30절; 요한복음 13장 1~15절
포 인 트	주의 만찬을 통해 죄에 대한 예수님의 희생이 강조되다.
등 장 인 물	예수님(하나님의 아들, 성자 하나님) 제자들(예수님이 그분의 사역에 동참하고 복음을 전하게 하려고 선택하신 사람들)
메시지 좌표	이 과의 이야기는 성경을 잘 모르는 사람도 많이 아는 최후의 만찬에 관한 것입니다. 모세와 이스라엘 백성이 출애굽을 할 때 일어났던 기적을 기억하는 유월절에 예수님은 제자들과 한자리에 모여 식사를 하셨습니다. 그리고 마침내 주님은 십자가에서 그분이 이루실 일에 대해 설명해 주셨습니다.

최후의 만찬

예수님이 새 언약을 세우시다.

체포되신 예수님

예수님이 고난의 잔을
받아들이시다.

어떻게 주님이 더러운 내 발을?

요한복음 13장을 자세히 살펴본 후 최후의 만찬 장면을 떠올려 봅시다.

요한복음 13장 1~15절

유월절 전에 예수께서 자기가 세상을 떠나 아버지께로 돌아가실 때가 이른 줄 아시고 세상에 있는 자기 사람들을 사랑하시되 끝까지 사랑하시니라 마귀가 벌써 시몬의 아들 가룻 유다의 마음에 예수를 팔려는 생각을 넣었더라 저녁 먹는 중 예수는 아버지께서 모든 것을 자기 손에 맡기신 것과 또 자기가 하나님께로부터 오셨다가 하나님께로 돌아가실 것을 아시고 저녁 잡수시던 자리에서 일어나 겉옷을 벗고 수건을 가져다가 허리에 두르시고 이에 대야에 물을 떠서 제자들의 발을 씻으시고 그 두르신 수건으로 닦기를 시작하여 시몬 베드로에게 이르시니 베드로가 이르되 주여 주께서 내 발을 씻으시나이까 예수께서 대답하여 이르시되 내가 하는 것을 네가 지금은 알지 못하나 이 후에는 알리라 베드로가 이르되 내 발을 절대로 씻지 못하시리이다 예수께서 대답하시되 내가 너를 씻어주지 아니하면 네가 나와 상관이 없느니라 시몬 베드로가 이르되 주여 내 발뿐 아니라 손과 머리도 씻어 주옵소서 예수께서 이르시되 이미 목욕한 자는 발밖에 씻을 필요가 없느니라 온몸이 깨끗하니라 너희가 깨끗하나 다는 아니니라 하시니 이는 자기를 팔 자가 누구인지 아심이라 그러므로 다는 깨끗하지 아니하다 하시니라 그들의 발을 씻으신 후에 옷을 입으시고 다시 앉아 그들에게 이르시되 내가 너희에게 행한 것을 너희가 아느냐 너희가 나를 선생이라 또는 주라 하니 너희 말이 옳도다 내가 그러하다 내가 주와 또는 선생이 되어 너희 발을 씻었으니 너희도 서로 발을 씻어 주는 것이 옳으니라 내가 너희에게 행한 것같이 너희도 행하게 하려 하여 본을 보였노라

예수님은 일평생 섬김의 본을 보이셨습니다. 기도하거나 하나님 아버지와 교제하기 위해 잠깐 쉬실 때를 빼면, 줄곧 무리와 제자들을 섬기셨습니다. 그 예수님의 위대한 계시가 최후의 만찬 때 있을지도 모릅니다. 종의 모습으로 오신 왕이 마지막에 이르러 종의 옷을 벗고 예복을 입은 채 왕좌에 앉아 사람들의 경배를 받으실지도 모릅니다. 무리와 제자들은 이러한 모습을 기대했을 수 있습니다. 그러나 왕이 예복을 벗은 채 무릎을 꿇고 섬김으로써 제자들을 충격에 빠뜨리셨습니다.

　　　예수님이 이처럼 섬기시게 된 동기는 무엇일까요? 특권이나 취향을 내려놓고 다른 사람을 섬기는 것은 어떤 마음일까요? 그것은 한마디로 겸손입니다. 그리스도의 섬김은 인색하거나 이기적이지 않고, 희생적입니다. 예수님은 자신의 백성의 필요를 보셨고, 그것에 응답하셨습니다.

당신은 섬기는 쪽인가요, 아니면 섬김을 받는 쪽인가요?

떡과 잔을 보고 기억하라

마태복음 26장 26~28절
그들이 먹을 때에 예수께서 떡을 가지사 축복하시고 떼어 제자들에게 주시며 이르시되 받아서 먹으라 이것은 내 몸이니라 하시고 또 잔을 가지사 감사 기도 하시고 그들에게 주시며 이르시되 너희가 다 이것을 마시라 이것은 죄 사함을 얻게 하려고 많은 사람을 위하여 흘리는 바 나의 피 곧 언약의 피니라

떡을 떼고 잔을 들어 올리실 때 예수님은 하나의 새로운 현실을 그림으로 보여 주셨습니다. 그것은 땅과 하늘 사이에 몸이 매달리고 상처에서 피가 흘러나오는 사건을 시각적으로 정교하게 묘사한 것입니다. 떡을 떼 듯이, 예수님의 몸이 부서졌습니다. 잔을 마시듯이, 예수님의 피가 쏟아졌습니다. 지금도 우리는 예수님이 우리를 위해 희생하신 것을 기억하기 위해 성찬에 참여합니다(고전 11:17~26). 예수님이 제정하신 성찬은 사람들이 세운 상징물과는 다른 점이 있습니다. 사람이 세운 상징물은 상징하는 것을 단순히 가리킬 뿐입니다. 그러나 예수님의 성찬은 각각 그분의 몸과 피를 가리킬 뿐만 아니라 떡과 포도주에 그리스도의 몸과 피가 영적으로 함께합니다.

십자가에 못 박히심

예수님이 우리를 위해
대속 제물이 되시다.

그날이 오면 너희와 함께 마시리라

마태복음 26장 29~30절
그러나 너희에게 이르노니 내가 포도나무에서 난 것을 이제부터 내 아버지의 나라에서 새것으로 너희와 함께 마시는 날까지 마시지 아니하리라 하시니라 이에 그들이 찬미하고 감람산으로 나아가니라

작은 다락방에서 예수님은 제자들과 마지막 유월절 식사를 하셨습니다. 그곳에서 예수님이 들려주신 말씀은 참으로 아름다운 약속이었습니다. 예수님은 포도나무에서 난 것을 이제 마시지 못하실 테지만, 제자들과 함께 아버지 나라에 들어가 그들과 함께 다시 마시게 되실 것입니다. 인내는 자연스럽게 오는 것이 아니라 학습을 통해 얻는 미덕입니다. 수천 년간 이스라엘은 그 나라를 기다려 왔습니다. 예수님은 그 나라가 오는 것에 관해 말씀해 주셨고, 사랑하는 제자들이 그 기쁨에 참여하게 될 것을 약속해 주셨습니다(유다는 이미 그의 악한 사명을 위해 떠났습니다).

부활하신 예수님

하나님의 아들이 부활하시다.

장차 임할 하나님 나라의 메시지는 그리스도인의 희망과 즐거움과 성취를 담고 있습니다. 우리는 "하나님의 나라가 임하옵시며"라고 기도합니다(마 6:10). 전쟁과 폭력이 그치고, 평화가 다스릴 날을 갈망합니다. 죄가 주장하지 못하고, 사망 자체가 죽는 날을 사모합니다. 우리는 하나님 나라를 위해 주리고 목이 마를 것입니다. 왜냐하면 의의 왕이 계시기 때문입니다. 우리는 그때 그분과 함께 그곳에 있을 것입니다. 이후 예수님과 제자들은 노래를 부르며 어둠을 향해 나아갔습니다. 장차 임할 하나님 나라를 위한 믿음과 열망에 힘입어 우리도 구세주를 찬양하는 마음으로 세상의 어둠을 헤쳐 나아가야 합니다. 왕을 간절히 기다리며 열망하는 것처럼 그분의 나라 또한 간절히 기다리며 열망합시다.

> 하나님 나라에 대해 또는 하나님 나라가 임하는 것에 대해 간절히 열망했던 적이 있나요? 예수님을 열망하거나 그분이 필요하다는 생각을 했던 적이 있나요?
>
> _____
>
> _____

뜨거워진 마음

모든 성경이 예수님을 가리키다.

성만찬   알짬 교리 **99**

성만찬은 성도들이 빵과 포도주를 나눔으로써 구세주의 죽음을 기념하고, 그분의 다시 오심을 기대하는 상징적 순종 행위입니다(고전 11:26).

그리스도와의 연결

"기억하라!" 이것은 성경 전체를 통해 우리가 발견하는 가장 위대한 명령 가운데 하나입니다. 기억한다는 것은 우리가 어디에서 왔으며, 무엇을 겪었는지에 관한 정체성을 재정립하는 일입니다. 기억한다는 것은 과거를 들여다보면서 정체성을 굳건히 하는 것일 뿐만 아니라 미래를 향한 사명을 강화하는 것입니다. 유월절 식사를 통해, 이스라엘 백성은 그들을 섬기고 구속하고 인도하신 하나님을 기억했습니다. 마찬가지로 그리스도인은 주의 만찬에 참여하며 하나님의 계획과 자기 백성의 유익을 위해 목숨을 희생하여 섬기신 그리스도를 기억합니다.

제자들을 보내신 예수님

제자들이 부활하신 예수님을 만나 평강을 누리다.

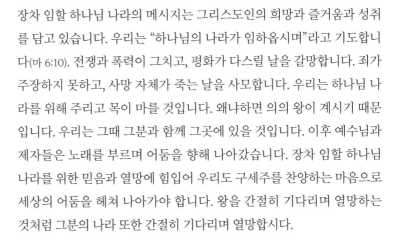

하나님이 들려주시는 이야기는 오늘을 사는 나와 늘 연결되어 있습니다. 아래 질문에 답하면서 성경 이야기가 내 이야기와 어떻게 연결되는지 생각해 봅시다.

▶ 성찬에서의 떡과 포도주가 상징하는 것은 무엇인가요?

▶ 성찬은 그 의미를 잃은 채 단순한 교회의 의식이 될 수 있습니다. 어떻게 하면 이 성찬이 좀 더 의미 있는 경험이 될 수 있을까요?

▶ 최근에 가장 기대하며 기다렸던 것은 무엇인가요?

▶ 솔직히, 장차 있을 하나님 나라의 완전한 도래를 기대하나요? 기대한다면 또는 기대하지 않는다면 그 이유는 무엇인가요?

하나님의 이야기
하나님이 그분의 아들
예수 그리스도를 통해
우리를 구속해 주신 이야기

우리의 이야기
우리의 이야기가
하나님의 이야기와
만나는 곳

YOUR MISSION

생각

이 땅의 왕은 봉사한 것으로 널리 알려지지 않습니다. 그러나 하나님은 겸손과 섬김을 통해 독특한 나라를 세우셨습니다. 성찬에 참여할 때마다 우리는 하나님이 보이신 종의 본질을 계속해서 떠올리게 됩니다. 왜냐하면 성찬은 우리를 위해 그리스도께서 받으신 죽음이라는 희생적 본질을 나타내기 때문입니다.

- 마가복음 10장 45절과 사도행전 17장 24~25절을 읽으십시오. 이 구절을 통해 하나님과 우리의 관계에 관해 무엇을 깨닫게 되나요?
- 왜 사람들은 주님께 사랑과 은혜를 받으려면, 먼저 하나님을 섬겨야 한다고 믿을까요?

마음

성찬은 예수님이 다시 오실 날에 대한 기대감을 높여 줍니다. 성찬은 그리스도께서 자신의 백성과 함께하시기 때문에 그리스도의 희생이라는 상징적 표현이 더 이상 필요하지 않을 그날에 관해 관심을 집중하고 기대하게 합니다. 예수님은 다시 오실 것에 관해 말씀하셨는데, 바울도 그랬습니다(마 26:29; 고전 11:26). 성찬의 의미에 둔감해지거나 성찬을 단순한 의식이 되게 해서는 안 되며, 하나님의 백성이 어린양의 혼인 잔치를 위해 함께 모일 때처럼 되도록 해야 합니다(계 19:1~9).

- 성찬이 어떻게 신자들의 믿음을 높여 줄까요?
- 이 과를 공부하면서 성찬에 관해 새롭게 이해한 것은 무엇인가요?

행동

성찬을 통해 예수님의 섬김이 이기적이지 않고 사심이 없고 희생적이었음을 알 수 있는 것처럼, 우리 또한 하나님 나라에서 갖는 종의 정체성을 기억해야 합니다. 우리는 주의 만찬에 참여함으로써, 다른 사람에게 복음을 전하는 하나님의 선교에 동참합니다. 왜냐하면 우리를 향한 예수님의 겸손한 섬김과 주님의 새로운 언약의 희생 덕분에 우리는 그분의 다시 오심을 기대하며 섬기는 삶을 살 수 있기 때문입니다.

- 삶의 어떤 영역에서 다른 사람을 섬기기 위해 노력하고 있나요?
- 어떻게 하면, 집이나 교회나 학교나 공동체에서 사람들을 실제로 섬길 수 있을까요?

> 다음 모임까지 에스겔 25~32장을 읽어 보세요.

04

배반의 밤이었어

성 경 말 씀	마태복음 26장 36~49, 56, 59~66절
포 인 트	하나님은 예수님을 세상에 보내 죄에 대한 심판을 받게 하셨다.
등 장 인 물	예수님(하나님의 아들, 성자 하나님) 제자들(예수님이 그분의 사역에 동참하고 복음을 전하게 하려고 선택하신 사람들)
메시지 좌표	제자들은 최후의 만찬에 이어 무슨 일이 일어날지 전혀 몰랐습니다. 그들은 유다가 어떤 의심스러운 일에 관여했음을 눈치챘지만, 그저 어렴풋이 알았을 뿐입니다. 또한 유월절마다 기념하는 대상이, 믿는 자의 죄를 대속하기 위해 기름 부음 받으신 하나님의 어린양 예수님을 가리킨다는 사실도 온전히 깨닫지 못했습니다.

체포되신 예수님

예수님이 고난의 잔을
받아들이시다.

십자가에 못 박히심

예수님이 우리를 위해
대속 제물이 되시다.

나를 파는 자가 가까이 왔구나

겟세마네 동산의 밤에 관한 이야기에는 온통 씨름이 가득 차 있습니다. 제자들은 깨어 있기 위해 씨름했고, 예수님은 깨어 있지 못하는 제자들 옆에서 씨름하셨습니다. 후에 베드로는 경비병들과 씨름하고, 제자들은 이 모든 일을 이해하기 위해 씨름할 것입니다. 그런데 가장 큰 씨름은 예수님이 그분 자신과 하신 것입니다. 야곱이 밤새도록 하나님과 씨름했던 것처럼, 예수님은 묵직한 정체성과 사명을 두고 투쟁하셨습니다.

예수님은 제자들과 고별하실 때 습관대로 홀로 그 밤을 보내셨습니다(막 1:35; 6:46; 눅 5:16). 습관대로 드리신 기도가 아니었습니다. 하나님 아들로서 자신 앞에 놓인 '잔'을 마주하고, 슬픔에 압도되셨습니다.

마태복음 26장 36~46절

이에 예수께서 제자들과 함께 겟세마네라 하는 곳에 이르러 제자들에게 이르시되 내가 저기 가서 기도할 동안에 너희는 여기 앉아 있으라 하시고 베드로와 세베대의 두 아들을 데리고 가실새 고민하고 슬퍼하사 이에 말씀하시되 내 마음이 매우 고민하여 죽게 되었으니 너희는 여기 머물러 나와 함께 깨어 있으라 하시고 조금 나아가사 얼굴을 땅에 대시고 엎드려 기도하여 이르시되 내 아버지여 만일 할 만하시거든 이 잔을 내게서 지나가게 하옵소서 그러나 나의 원대로 마시옵고 아버지의 원대로 하옵소서 하시고 제자들에게 오사 그 자는 것을 보시고 베드로에게 말씀하시되 너희가 나와 함께 한 시간도 이렇게 깨어 있을 수 없더냐 시험에 들지 않게 깨어 기도하라 마음에는 원이로되 육신이 약하도다 하시고 다시 두 번째 나아가 기도하여 이르시되 내 아버지여 만일 내가 마시지 않고는 이 잔이 내게서 지나갈 수 없거든 아버지의 원대로 되기를 원하나이다 하시고 다시 오사 보신즉 그들이 자니 이는 그들의 눈이 피곤함일러라 또 그들을 두시고 나아가 세 번째 같은 말씀으로 기도하신 후 이에 제자들에게 오사 이르시되 이제는 자고 쉬라 보라 때가 가까이 왔으니 인자가 죄인의 손에 팔리느니라 일어나라 함께 가자 보라 나를 파는 자가 가까이 왔느니라

모두 예언대로 이루어진 거야

마태복음 26장 47~49, 56절

말씀하실 때에 열둘 중의 하나인 유다가 왔는데 대제사장들과 백성의 장로들에게서 파송된 큰 무리가 칼과 몽치를 가지고 그와 함께하였더라 예수를 파는 자가 그들에게 군호를 짜 이르되 내가 입 맞추는 자가 그이니 그를 잡으라 한지라 곧 예수께 나아와 랍비여 안녕하시옵니까 하고 입을 맞추니 … 그러나 이렇게 된 것은 다 선지자들의 글을 이루려 함이니라 하시더라 이에 제자들이 다 예수를 버리고 도망하니라

누구도 예수님의 생명을 빼앗을 수 없습니다. 예수님은 이미 그것을 분명히 말씀하셨습니다(요 10:18). 만약 위험한 순간을 피하길 원하셨다면, 무리 가운데로 지나가실 수 있었습니다(눅 4:30). 싸우길 원하셨다면, 열두 군단도 더 되는 천사들을 불러오실 수 있었습니다. 폭풍을 잠재우거나 물 위로 걷거나 사탄을 잠잠하게 하실 수 있는 분이니, 당시 그 무리도 통제하실 수 있었습니다. 그러나 예수님은 번개나 불로 다스리시기보다는 자제력을 발휘하셨습니다.

어떤 후퇴도, 반란도, 구조도 생각할 수 없는 위기였습니다. 예수님은 성경의 예언을 받아들이기로 결심하셨으며, 예언된 그 일이 그 밤에 일어났습니다. 어둠 속에 있던 제자들은 위로를 얻을 수 없었습니다. 예수님은 굳건히 하나님의 계획을 따라가셨지만, 제자들은 두려움에 떨었습니다. 그날 밤의 사건을 구약의 메시지가 조명하고 있었음에도 제자들은 어둠 가운데 그리스도를 인식하는 데에 실패했습니다. 이 이야기는 더 큰 성취가 없이는 끝나지 않을 것입니다. 하지만 이제 양들은 흩어져 버렸고, 목자는 어두운 골짜기를 기꺼이 가로질러 예루살렘 성을 향해 나아갔습니다.

부활하신 예수님

하나님의 아들이 부활하시다.

하나님의 아들에게 신성 모독 죄를 씌우다니

마태복음 26장 59~66절
대제사장들과 온 공회가 예수를 죽이려고 그를 칠 거짓 증거를 찾으매 거짓 증인이 많이 왔으나 얻지 못하더니 후에 두 사람이 와서 이르되 이 사람의 말이 내가 하나님의 성전을 헐고 사흘 동안에 지을 수 있다 하더라 하니 대제사장이 일어서서 예수께 묻되 아무 대답도 없느냐 이 사람들이 너를 치는 증거가 어떠하냐 하되 예수께서 침묵하시거늘 대제사장이 이르되 내가 너로 살아 계신 하나님께 맹세하게 하노니 네가 하나님의 아들 그리스도인지 우리에게 말하라 예수께서 이르시되 네가 말하였느니라 그러나 내가 너희에게 이르노니 이후에 인자가 권능의 우편에 앉아 있는 것과 하늘 구름을 타고 오는 것을 너희가 보리라 하시니 이에 대제사장이 자기 옷을 찢으며 이르되 그가 신성 모독 하는 말을 하였으니 어찌 더 증인을 요구하리요 보라 너희가 지금 이 신성 모독 하는 말을 들었도다 너희 생각은 어떠하냐 대답하여 이르되 그는 사형에 해당하니라 하고

뜨거워진 마음

모든 성경이 예수님을 가리키다.

살아 계신 하나님께 맹세하라는 요구에 예수님이 마침내 말씀하기 시작하셨습니다. 예수님의 대답은 수수께끼처럼 들렸지만(64절), 그것은 고소에 대한 강한 확인을 나타내는 관용적 표현에 가까웠습니다.

예수님은 다니엘 7장 13~14절의 인자와 동일시하셨고, 자신이 하늘에서 내려왔다고 말씀하심으로써 산헤드린에서 거는 신성 모독에 관한 기소거리를 두 배로 늘려 주셨습니다. 그 순간, 모든 것이 분명해졌습니다. 그분은 신성 모독을 하는 자가 아니면 축복받은 자입니다. 그리스도가 아니면 우상을 숭배한 극악무도한 죄인입니다. 지도자들에게 결론은 분명했습니다.

예수님은 어떤 태도로 하나님의 계획을 따르셨나요?

속죄 제물이신 그리스도 알짬 교리 **99**

하나님은 의롭고 거룩하시기에 사람이 하나님과 화해하려면 반드시 죄를 속죄받아야 합니다. 죄를 위한 화목 제물이신 그리스도의 죽음은 죄에 대한 하나님의 진노를 가라앉히고, 만족시킵니다. 우리 죄를 위한 그리스도의 속죄는 죄인을 향한 하나님의 사랑(요일 4:19), 그리고 죄에 대한 형벌로 반드시 치러야 할 대가(롬 3:25)를 동시에 보여 줍니다.

그리스도와의 연결

에덴동산에서 아담은 뱀에게 저항하지 않은 채, 하나님의 뜻을 따르는 대신에 자신의 뜻대로 했습니다. 겟세마네 동산에서, 두 번째 아담이신 예수님은 하나님 아버지의 목적과 계획에 온전히 복종하셨습니다. 십자가의 죽음에 기꺼이 순종하셨습니다. 예수님은 배반당하여 체포되고, 재판받으실 때, 말씀으로나 행동으로나 하나님의 아들로서의 정체성을 나타내 보이셨습니다.

마태는 독자들에게 예수님이 이 상황을 주도하고 계심을 보여 줍니다.
예수님은 지금 일어나고 있는 일에 관해 제자들에게 이미 말씀해 주셨습니다.
주님은 먼저 유다를 책망하셨고,
검으로 대제사장의 종을 다치게 한 제자와
자신을 체포하기 위해 온 큰 무리를 책망하셨습니다.
이것은 두려워 도망치는 자의 태도가 아니라,
침착하게 하나님의 뜻을 행하는 주권자의 행위입니다.
레온 모리스 Leon Morris

제자들을 보내신 예수님

제자들이 부활하신 예수님을 만나 평강을 누리다.

의심을 넘어섬

도마가 부활하신 예수님을 보고 만지자 의심이 사라지다.

하나님이 들려주시는 이야기는 오늘을 사는 나와 늘 연결되어 있습니다. 아래 질문에 답하면서 성경 이야기가 내 이야기와 어떻게 연결되는지 생각해 봅시다.

▶ 왜 제자들은 그날 밤의 일들과 곧 닥칠 배반과 죽음에 관한 예수님의 예언을 연결하여 생각하지 못했을까요?

▶ 예수님의 탄생과 공생애와 그리고 죽음과 부활을 둘러싼 사건들에 관한 구약의 예언들이 의미 있는 이유는 무엇일까요?

▶ 믿음으로 인해 핍박받거나 부당한 대우를 받는다면 예수님의 본을 따라 자제력을 보여 줄 수 있나요?

▶ 교회를 향한 세상의 비난에는 어떤 것이 있나요? 그중에 우리가 거부하거나 포용해야 할 것은 무엇일까요? 왜 그래야 할까요?

하나님의 이야기
하나님이 그분의 아들
예수 그리스도를 통해
우리를 구속해 주신 이야기

우리의 이야기
우리의 이야기가
하나님의 이야기와
만나는 곳

YOUR MISSION

생각

'잔'은 구약에서 심판과 진노의 상징으로 자주 등장합니다(참조, 시 11:6; 사 51:17; 겔 23:33). 죽음이라는 것은 매우 용감한 사람조차도 냉정을 잃게 만듭니다. 고문과 십자가형의 위협은 임박한 현실이었습니다. 그런데 예수님은 더 심각한 문제에 직면하셨습니다. 거룩하신 하나님의 진노와 심판이 가득한 잔이 그분 앞에 놓여 있었기 때문입니다. 그것을 다 들이키면, 예수님은 버림을 받으실 것이고 죄와 슬픔과 죽음을 알게 되실 것입니다.

- 4과의 성경 본문에서 예수님에 관해 배울 수 있는 것은 무엇인가요?
- 예수님이 우리를 위해 '이 잔'을 마시기로 결심하신 것을 보고 어떤 영향을 받았나요?

마음

구약의 예언 성취라는 관점은 마태가 유대인 청중을 향해 히브리인의 렌즈로 기록한 마태복음에서 더욱 분명하게 나타납니다. 마태는 예수님이 구약의 모든 기대와 희망을 성취하셨다는 것을 다른 복음서보다 다양한 방법으로 설명했습니다. 그는 예수님의 탄생부터(마 1:22~23) 세례(마 3:15), 예루살렘 입성(마 21:45), 겟세마네 동산의 사건까지 그 모두를 성취로 이해했습니다. 마태의 설명으로 볼 때, 성경 구절이(시 55:12~14; 슥 13:7) 모두 연결되어 성취가 일어난다고 할 수 있습니다.

- 예언의 성취가 어떻게 믿음의 희망과 확신을 불러일으킬 수 있을까요?
- 회의론자와 이야기할 때, 성취된 예언에 관한 지식을 어떻게 활용할 수 있을까요?

행동

교회에서는 '하나님의 진노'에 관해 잘 언급하지 않습니다. 받아들이기 힘겨운 진리이기 때문입니다. 특히 죄에 대한 하나님의 진노가 복음을 알지 못하는 사람에게 쏟아지는 것을 생각하면 더욱 그렇습니다. 그 잔을 완전히 마심으로써, 예수님은 버림받으시고 죄와 슬픔과 죽음을 경험하셨습니다. 예수님은 우리가 이러한 것들의 끝나지 않는 고뇌를 알지 않아도 되도록, 당신과 나를 위해 그렇게 하셨습니다.

- 하나님의 진노를 다른 사람에게 들려주는 것이 중요한 이유는 무엇일까요?
- 하나님의 진노에 관해 말하기를 소홀히 하는 것이 예수님과 그분의 희생을 모욕하는 일이 될 수 있는 이유는 무엇일까요?

> 다음 모임까지 에스겔 33~40장을 읽어 보세요.

05

십자가에 달린 왕을 본 적 있니?

성경 말씀	마태복음 27장 15~51절
포 인 트	예수님은 죄의 형벌을 기꺼이 받으신 왕이시다.
등 장 인 물	예수님(하나님의 아들, 성자 하나님) 본디오 빌라도(예수님의 지상 사역 기간에 유대 지역을 다스렸던 로마제국의 총독) 바라바(예수님 대신에 감옥에서 풀려난 살인자이자 반역자)
메시지 좌표	예수님은 어두운 밤에 체포되어, 즉각 처형할 거리를 찾는 데에 혈안이 된 재판관과 배심원 앞에 끌려가셨습니다. 그러나 성경에서 이미 여러 차례 보아 왔듯이 사람이 뜻하는 바는 악하지만, 하나님의 뜻은 언제나 선하십니다.

십자가에 못 박히심

예수님이 우리를 위해
대속 제물이 되시다.

부활하신 예수님

하나님의 아들이 부활하시다.

예수님을 못 박고, 바라바를 살려 줘!

마태복음 27장 15~26절

명절이 되면 총독이 무리의 청원대로 죄수 한 사람을 놓아 주는 전례가 있더니 그때에 바라바라 하는 유명한 죄수가 있는데 그들이 모였을 때에 빌라도가 물어 이르되 너희는 내가 누구를 너희에게 놓아 주기를 원하느냐 바라바냐 그리스도라 하는 예수냐 하니 이는 그가 그들의 시기로 예수를 넘겨 준 줄 앎이더라 총독이 재판석에 앉았을 때에 그의 아내가 사람을 보내어 이르되 저 옳은 사람에게 아무 상관도 하지 마옵소서 오늘 꿈에 내가 그 사람으로 인하여 애를 많이 태웠나이다 하더라 대제사장들과 장로들이 무리를 권하여 바라바를 달라 하게 하고 예수를 죽이자 하게 하였더니 총독이 대답하여 이르되 둘 중의 누구를 너희에게 놓아 주기를 원하느냐 이르되 바라바로소이다 빌라도가 이르되 그러면 그리스도라 하는 예수를 내가 어떻게 하랴 그들이 다 이르되 십자가에 못 박혀야 하겠나이다 빌라도가 이르되 어찜이냐 무슨 악한 일을 하였느냐 그들이 더욱 소리 질러 이르되 십자가에 못 박혀야 하겠나이다 하는지라 빌라도가 아무 성과도 없이 도리어 민란이 나려는 것을 보고 물을 가져다가 무리 앞에서 손을 씻으며 이르되 이 사람의 피에 대하여 나는 무죄하니 너희가 당하라 백성이 다 대답하여 이르되 그 피를 우리와 우리 자손에게 돌릴지어다 하거늘 이에 바라바는 그들에게 놓아 주고 예수는 채찍질하고 십자가에 못 박히게 넘겨 주니라

빌라도는 탈출구를 찾고 있었습니다. 그는 대제사장과 장로들에 대해 너무나도 잘 알고 있었고, 자신의 앞에서 벌어지는 일들을 모르지도 않았습니다. 그는 예수님이 죽임을 당해야 할 만큼 잘못하지 않으셨다는 사실을 알고 있었습니다. 그뿐 아니라 대제사장들이 자신들의 지위와 특권을 위협하는 모든 것을 서슴없이 없애려 한다는 것도 알고 있었습니다.

이때 이루어지는 바라바의 석방을 통해, 우리는 자신이 받은 약속을 이해하게 됩니다. 바라바처럼 로마제국에 반역하지는 않았을지라도 우리 역시 반역죄를 저지른 죄인입니다. 주님께 맞서며 배반했던 우리는 죽어 마땅합니다. 예수님이 아니셨다면, 우리 역시 심판대 앞에 섰을 것입니다. 하지만 예수님은 빌라도 앞에서 바라바를 대신하셨던 것처럼, 하나님 아버지 앞에서 주님을 사랑하고 믿는 자를 대신해 주십니다.

십자가 고통뿐 아니라 매와 조롱까지 받으셨어

예수님은 십자가를 지기 위해 고통당하실 때, '메시아'로 놀림을 받고 조롱을 당하셨습니다. 이것은 왕복을 입고 (가시) 면류관을 쓰신 그분의 공의를 조롱하는 것이었습니다.

이 성경 구절에서 볼 수 있는 것은 수치심, 고통, 조롱, 학대, 모욕, 희롱과 같은 굴욕입니다. 군인과 구경꾼이 예수님을 구경거리 삼아 비웃었고 무시했습니다.

또한 인내, 사랑, 은혜, 자비와 같은 겸손도 드러나고 있습니다. 예수님이 십자가에 달리신 사건은 하나님의 아들이 어떻게 자신의 아버지에게 온전히 순종하며 나아가셨는지를 보여 주는 매우 극적인 드라마였습니다. 그뿐 아니라 그 사건은 우리도 주님과 같이 겸손하도록 권면합니다(빌 2:5~11).

휘장이 위아래로 쭉 찢어졌어

뜨거워진 마음

모든 성경이 예수님을 가리키다.

제자들을 보내신 예수님

제자들이 부활하신 예수님을 만나 평강을 누리다.

예수님의 간절한 외침이 구경꾼들의 마음에 울려 퍼져야 했지만, 그들은 그분이 인용하신 의미를 제대로 파악하지 못했습니다. 이것은 메시아에 대한 내용이 잔뜩 들어 있는 시편 22편의 앞부분에 있는 말씀입니다 (참조, 시 22:1~2, 6~8, 12~18). 무리가 추측하는 것처럼 예수님은 엘리야를 부르신 것이 아닙니다. 시편 저자가 언급했던 '그'와 자신을 동일시하시며, 하나님 아버지께 버림받은 공포감을 드러내셨습니다.

찢어진 휘장은 하나의 메시지를 선포합니다. 한 아들이 아버지께 거절됨으로써 아버지가 더 많은 아들과 딸을 얻게 되었다는 의미입니다. 하나님 아버지께서는 훨씬 더 많은 자녀에게 용서를 베풀기 위해 독생자를 버리셨습니다. 아들의 희생이 지성소에 바쳐졌고, 이로써 그분을 믿는 모든 사람이 하나님의 보좌 앞에 나아갈 수 있게 되었습니다.

예수님이 하나님 아버지께 버림받으심으로써 죄를 용서받을 수 있었다는 사실을 아는 것이 내게 주는 영향은 무엇인가요?

대속 제물이신 그리스도

알짬 교리 **99**

속죄의 중심에는 예수님이 계십니다. 예수 그리스도께서 십자가에서 죽으심으로써 죄인의 대속 제물이 되셨습니다. 이 진리는 구약의 희생 제사를 배경으로 합니다. 제사는 아무 죄 없는 제물을 바침으로써 죄를 대신하고 죄악을 제거해야 하는 인간의 '필요'를 보여 줍니다. 예수님은 요구와 필요로 가득한 인간 본성을 받아들이시고, 죄가 없으심에도 인간과 완전히 동일시되셔서 하나님의 뜻을 완벽하게 계시하시고, 그 뜻대로 행하셨습니다. 예수님은 개인적인 순종을 통해 하나님의 율법을 지키셨고, 십자가의 대속적 죽음으로 인간을 죄에서 구원할 길을 여셨습니다.

그리스도와의 연결

부당하게 죽음을 선고받으신 예수님은 기꺼이 십자가를 지시고, 우리 죄에 합당한 심판을 대신 받으셨습니다. 예수님이 십자가에서 죽으신 순간에 성전 휘장이 둘로 찢어졌습니다. 이것은 죄인이 그리스도의 보혈을 통해 하나님께로 나아갈 수 있게 되었음을 의미합니다. 예수님의 십자가는 역사의 중심이며 하나님의 거룩하심과 공의, 우리의 죄악과 불의, 그리스도의 겸손과 사랑에 대한 계시입니다.

의심을 넘어섬

도마가 부활하신 예수님을 보고 만지자 의심이 사라지다.

나를 따르라

예수님이 모든 사람을 용서하시고, 믿는 사람을 부르시다.

하나님이 들려주시는 이야기는 오늘을 사는 나와 늘 연결되어 있습니다. 아래 질문에 답하면서 성경 이야기가 내 이야기와 어떻게 연결되는지 생각해 봅시다.

▶ 바라바는 자신에게 유리하게 돌아간 이 일에 관해 어떻게 반응했을까요? 우리를 대신 하신 예수님께 우리는 어떻게 반응해야 할까요?

▶ 어떤 경우에 예수님 대신에 다른 것이나 사람을 선택함으로써 죄를 짓게 될까요?

▶ 예수님이 고문과 공개적인 십자가 처형을 받으신 것을 제대로 아는 것은 우리에게 어떤 영향을 줄까요?

▶ 예수님은 제자들이 가장 필요할 때 제자들에게서 버림받으셨습니다. 이 사실은 예수님을 얼마나 아프게 했을까요?

하나님의 이야기
하나님이 그분의 아들
예수 그리스도를 통해
우리를 구속해 주신 이야기

우리의 이야기
우리의 이야기가
하나님의 이야기와
만나는 곳

YOUR MISSION

생각

하나님이 빛이 있으라고 말씀하시기 전에 흑암이 깊음 위에 있었습니다. 이스라엘이 출애굽하기 전에 흑암이 그 땅에 있었습니다. 예수님이 십자가에 못 박히신 순간에 어둠이 약 3시간 정도 온 땅을 삼켰습니다.

- 예수님의 십자가 사건은 아버지의 사랑과 아들의 사랑에 관해 무엇을 보여 주나요?
- 믿지 않는 사람이 지금 우리에게 예수님이 죽으신 이유가 무엇이냐고 묻는다면 어떤 대답을 할 수 있나요?

마음

십자가에 못 박히시기 전에 일어난 일과, 십자가에 못 박히신 일을 이야기한다고 해서 실제 있었던 공포감을 완전히 이해할 수 없을 것이 분명합니다. 성경의 검은 활자로는 주님의 상처 입은 등과 찢긴 이마에서 흘러내린 붉은 피를 온전히 표현할 수 없습니다. 몇 초 만에 읽어 내린 구절들로는 몇 시간에 걸친 고문으로 예수님이 겪으신 고통과 두려움의 충격을 충분히 전달할 수 없습니다. 골고다로 향하신 예수님은 바라바를 대신할 뿐만 아니라 믿는 모든 사람을 대신하셨습니다. 주님은 우리를 속죄하고, 구속하기 위해 정죄를 받고, 십자가에 못 박히셨습니다. 예수님이 죄가 되심으로써 우리가 하나님의 의가 될 수 있었습니다(고후 5:21).

- 예수님의 크신 희생을 알면, 주님을 향한 사랑이 어떻게 달라질까요?
- 우리가 받아 마땅한 벌을 예수님이 감당하셨다는 것을 알면, 어떤 영향을 받게 될까요?

행동

예수님은 죄로 인한 형벌을 기꺼이 받은 왕이십니다. 그러므로 죄에 관해 말하는 것과 사람들을 믿음으로 인도하는 것을 두려워할 필요가 없습니다. 하나님 아버지께서는 예수 그리스도의 복음을 선포하는 사명을 짊어진 우리를 결코 포기하지 않으십니다. 성령님을 통해 믿음을 강하게 하시고, 예배와 증거에 활력을 불어넣어 주십니다.

- 예수님이 우리를 위해 고통을 견디셨다는 사실은 복음을 전하는 것을 단순한 의무로 여기지 않도록 하는 데에 어떤 도움을 줄까요?
- 그리스도께서 우리를 위해 하신 좋은 소식을 전할 때, 먼저 죄에 관해 말하는 것이 왜 중요할까요?

다음 모임까지 에스겔 41~48장을 읽어 보세요.

06

다시 살아나신 왕을 본 적 있니?

성경 말씀 — 마태복음 28장 1~15절

포 인 트 — 예수님의 부활로 죄의 저주가 제거되고 죽음이 패배했습니다.

등 장 인 물 — 예수님(하나님의 아들, 성자 하나님)
막달라 마리아와 야고보의 어머니 마리아(예수님의 시신에 향품을 바르기 위해 무덤을 찾았던 두 여인, 부활의 첫 목격자들)

메시지 좌표 — 예수님이 체포되고 십자가에 못 박히시자 이 땅에서 사역하셨던 3년 동안 그분과 가장 가깝게 지냈던 제자들은 흔적도 찾기 힘들 정도로 숨어 버렸습니다. 그들은 예수님과 비슷한 운명에 처할 수 있다는 위기감으로 인해 숨는 것으로 자신을 보호했던 것입니다. 처음에는 이와 같이 두려움에 떨며 무력했다가, 나중에는 믿음으로 용기 있는 모습을 보이는 갑작스러운 변화를 가능하게 해 준 것은 무엇일까요? 그 답은 바로 예수님의 부활입니다.

부활하신 예수님

하나님의 아들이 부활하시다.

뜨거워진 마음

모든 성경이 예수님을 가리키다.

와서 빈 무덤을 보라

안식일이 다가오고 있었으므로 사람들은 예수님의 장례 준비를 서둘렀습니다. 전통적으로, 거룩한 날에는 죽은 자를 옮기거나 만지면 안 되기 때문입니다. 그래서 급히 무덤을 빌려 그곳에 예수님을 눕히면서 안식일이 되기 전까지 그들이 해야 할 준비를 서둘렀습니다.

> **마태복음 28장 1~6절**
> 안식일이 다 지나고 안식 후 첫날이 되려는 새벽에 막달라 마리아와 다른 마리아가 무덤을 보려고 갔더니 큰 지진이 나며 주의 천사가 하늘로부터 내려와 돌을 굴려 내고 그 위에 앉았는데 그 형상이 번개 같고 그 옷이 눈같이 희거늘 지키던 자들이 그를 무서워하여 떨며 죽은 사람과 같이 되었더라 천사가 여자들에게 말하여 이르되 너희는 무서워하지 말라 십자가에 못 박히신 예수를 너희가 찾는 줄을 내가 아노라 그가 여기 계시지 않고 그가 말씀하시던 대로 살아나셨느니라 와서 그가 누우셨던 곳을 보라

이 이야기에 등장하는 두 명의 마리아는 예수님의 무덤으로 가기는 했지만 어떤 극적인 장면을 목격하게 되리라고는 생각하지 못했습니다. 그들은 어떤 결론에 도달할지, 과연 끝인지 알고 싶었는데 그들이 보게 된 것은 그들의 예상을 넘어서는 것이었습니다. 예수님의 무덤 앞에서 한순간에 모든 것이 뒤집혔고, 선생님이었던 분의 죽음으로 인해 한때 묻어 버렸던 희망은 더 이상 허무한 것이 아니었습니다.

빨리 가서 이 기쁜 소식을 전하라

> **마태복음 28장 7~9절**
> 또 빨리 가서 그의 제자들에게 이르되 그가 죽은 자 가운데서 살아나셨고 너희보다 먼저 갈릴리로 가시나니 거기서 너희가 뵈오리라 하라 보라 내가 너희에게 일렀느니라 하거늘 그 여자들이 무서움과 큰 기쁨으로 빨리 무덤을 떠나 제자들에게 알리려고 달음질할새 예수께서 그들을 만나 이르시되 평안하냐 하시거늘 여자들이 나아가 그 발을 붙잡고 경배하니

세 가지 중요한 메시지를 전하라는 사명이 여인들에게 주어졌습니다. 첫째, 천사는 여인들이 이미 들은 것, 즉 예수님이 죽음에서 부활하셨다는 소식을 전하게 했습니다. 믿기 힘든 것이긴 했지만, 그들이 사명으로 받은 메시지는 진실이었습니다. 둘째, 천사는 예수님이 전에 주로 사역하셨

던 갈릴리로 가실 것에 대해 선포하게 했습니다. 마지막으로, 천사는 제자들이 거기에서 부활하신 예수님을 볼 것을 그들에게 전하게 했습니다.

> 무덤을 찾아간 여인들과 함께 있었다고 상상해 보세요. 과연 우리는 눈앞에 펼쳐진 상황에 어떻게 반응했을까요?
>
> _____
>
> _____
>
> 왜 여인들은 다시 만난 예수님께 나아가 그분의 발을 붙잡았을까요? 어떻게 하면 우리도 예수님께 단단히 붙어 있을 수 있을까요?
>
> _____
>
> _____

제자들을 보내신 예수님

제자들이 부활하신 예수님을 만나 평강을 누리다.

가서 내 형제들에게 전하라

좋은 일이 생기면 사람들은 어떻게 하나요? 대부분은 즉시 자신이 사랑하는 사람과 그 소식을 공유하려고 할 것입니다. 소셜 미디어에 게시하든 장문의 문자를 보내든 부모님에게 전화하든 우리는 본능적으로 다른 사람과 좋은 소식을 공유하고자 합니다. 여인들은 예수님을 다시 만난 기쁜 소식을 다른 사람에게 전하지 않을 수 없었습니다.

> 다른 사람에게 어떤 소식을 신나게 전했던 적이 있나요? 그 소식은 무엇이었나요? 반면에 전하기 어려웠던 소식이 있었다면 그것은 무엇이었나요?
>
> _____

의심을 넘어섬

도마가 부활하신 예수님을 보고 만지자 의심이 사라지다.

마태복음 28장 10~15절
이에 예수께서 이르시되 무서워하지 말라 가서 내 형제들에게 갈릴리로 가라 하라 거기서 나를 보리라 하시니라 여자들이 갈 때 경비병 중 몇이 성에 들어가 모든 된 일을 대제사장들에게 알리니 그들이 장로들과 함께 모여 의논하고 군인들에게 돈을 많이 주며 이르되 너희는 말하기를 그의 제자들이 밤에 와서 우리가 잘 때에 그를 도둑질하여 갔다 하라 만일 이 말이 총독에게 들리면 우리가 권하여 너희로 근심하지 않게 하리라 하니 군인들이 돈을 받고 가르친 대로 하였으니 이 말이 오늘날까지 유대인 가운데 두루 퍼지니라

영화

영화(Glorification, 靈化)는 구원 과정의 최종 단계입니다. 영화는 그리스도인이 죽을 때나 그리스도의 재림 때 도덕적으로, 영적으로 완전함에 도달하는 미래의 시점을 가리킵니다(빌 1:9~11; 골 1:22). 영화에는 우리의 부활하는 몸이 갖게 될 육체적인 완벽함도 포함합니다. 영화롭게 될 때, 우리는 하나님과 하나님의 말씀에 관해 더 충만한 지식을 갖고 이해하게 될 것입니다(고전 13:12; 빌 3:20~21).

여인들에게 하신 예수님의 말씀은 천사가 한 말과 거의 같았습니다. 여인들은 기쁨과 부활의 메시지에 힘을 얻어 예루살렘을 향하여 갔습니다. 긴급히 기쁜 소식을 전하러 간 것입니다.

나를 따르라

예수님이 모든 사람을
용서하시고,
믿는 사람을 부르시다.

그리스도와의 연결

부활의 아침에 하나님은 예수님을 죽은 자 가운데서 살리시고, 자신의 백성에게 오랫동안 약속해 온 새로운 창조를 시작하심으로써 아들의 전적인 십자가 희생의 정당성을 입증하셨습니다. 우리는 믿음으로 그리스도와 연합함으로써 새로운 창조의 일부가 되었으며, 그분의 형상 안에서 부활의 약속을 공유합니다. 죄의 저주는 제거되었고, 죽음은 패배했으며, 우리는 하나님과 함께 영원한 생명을 보장받았습니다.

가서 전하라

땅끝까지 가서 사명을 완수하라.

우리는 자기가 좋아하는 것을 칭찬하는 것을 기뻐합니다.
왜냐하면 칭찬은 단순한 표현이 아니라
기쁨을 완성하는 것이기 때문입니다.
그것은 약속된 완성입니다.
연인들은 상대방에게 얼마나 아름다운지를 계속 말하면서 칭찬을 아끼지 않습니다.
기쁨은 표현될 때까지는 미완성입니다. …
기쁜 소식을 듣고도 그것을 공유할 사람이 없다면, 좌절하게 됩니다.

C. S. 루이스 C. S. Lewis

　　　　06 다시 살아나신 왕을 본 적 있니?

하나님이 들려주시는 이야기는 오늘을 사는 나와 늘 연결되어 있습니다. 아래 질문에 답하면서 성경 이야기가 내 이야기와 어떻게 연결되는지 생각해 봅시다.

▶ 왜 예수님은 제자들에게 직접 나타나지 않으시고, 여자들에게 먼저 나타나셨을까요?

▶ 두려움과 싸우는 믿는 자들에게 예수님의 부활 소식은 어떤 도움을 줄까요?

▶ 예수님의 부활 소식은 아무런 희망이 없는 자들에게 어떤 희망을 줄까요?

▶ 예수님의 부활을 믿게 되었을 때, 주변 상황은 어떠했나요? 부활 덕분에 변화된 것이 있다면 무엇인가요?

하나님의 이야기
하나님이 그분의 아들
예수 그리스도를 통해
우리를 구속해 주신 이야기

우리의 이야기
우리의 이야기가
하나님의 이야기와
만나는 곳

YOUR MISSION

생각

예수님의 부활 이야기에 너무나 익숙한 나머지, 그 놀라움을 잃어버리지는 않았나요? 죽음은 모든 사람에게 꼼짝 못할 만큼 두려운 것일 수 있습니다. 많은 사람에게 죽음은 거대한 미지의 세계입니다. 죽음은 마지막이라는 의미에서 오싹합니다. 의료 기술의 발전에도 불구하고, 죽음은 피할 수가 없습니다. 그러나 사람이 이길 수 없는 것을 예수 그리스도께서 이기셨습니다. 그리스도인에게, 예수님의 승리는 곧 나의 승리입니다.

- 그리스도인은 언젠가는 죽게 되는 현실을 어떻게 이해하고 받아들여야 할까요?
- 어떻게 하면, 그리스도인들이 죽음을 두려워하는 자들에게 희망을 줄 수 있을까요?

마음

마태는 여인들이 했을 법한 말이나 예수님이 죽음에서 부활하신 것을 보고 물었을 법한 질문을 기록하지 않았습니다. 그저 그들이 부활하신 예수님을 경배했다고만 기록했습니다. 거룩하신 그분의 존재 앞에서는 더 이상의 설명이 필요하지 않습니다. 무엇보다도, 다른 사람에게 가서 전하기 전에 우리가 최우선으로 삼아야 하는 것은 예배입니다.

- 예수님을 경배하며 살아가는 것에 대해 어떻게 생각하나요? 이것은 다른 사람에게 복음을 전하는 사명을 따르는 우리에게 어떤 영향을 미칠까요?
- 예배하며 살아가지 않으면서 제대로 사명을 따를 수 있을까요? 하나님의 사명을 추구하지 않는 것을 영적인 경고로 여기고 있나요?

행동

우리는 가서 다른 사람에게 예수님에 관한 진리를 전해야 합니다. 마태복음 28장의 부름과 위임은 특별히 예수님의 제자들을 향한 것이긴 하지만, 그것은 분명히 예수님을 믿고 사랑하는 모든 제자에게로 확장됩니다. 그 좋은 소식을 우리는 세상에 전하지 않을 수 없습니다.

- 오늘날 사람들이 예수님이 부활하신 사실을 믿지 않는 이유는 무엇일까요?
- 여인들이 즉시 순종하여 전한 예수님의 소식을 듣고 사람들은 어떤 반응을 보였을까요? 여인들의 모습에서 배우게 되는 모범으로는 어떤 것이 있나요?

> 다음 모임까지 **다니엘 1~6장을 읽어** 보세요.

부활한 왕이신
예수님

알짬 구절

마태복음

28장 18~20절

예수께서 나아와 말씀하여 이르시되 하늘과 땅의 모든 권세를 내게 주셨으니
그러므로 너희는 가서 모든 민족을 제자로 삼아 아버지와 아들과 성령의 이름으로
세례를 베풀고 내가 너희에게 분부한 모든 것을 가르쳐 지키게 하라
볼지어다 내가 세상 끝날까지 너희와 항상 함께 있으리라 하시니라

07

엠마오를 향해
터덜터덜 걷다가

성 경 말 씀	누가복음 24장 13~35절
포 인 트	예수님은 성경과 예배의 중심이시다.
등 장 인 물	예수님(하나님의 아들, 성자 하나님) 글로바(엠마오로 가던 두 제자 가운데 한 명으로서, 부활하신 예수님을 만남)
메시지 좌표	예수님의 부활을 목격한 사람의 수가 계속 늘어났습니다. 예수님은 무덤 가에서 여인들에게 처음 나타나셨다가, 갈릴리에서 제자들을 만나려고 가시던 길에 엠마오로 향하던 두 제자에게도 나타나셨습니다.

주님을 만나고도 못 알아보다니

슬픔과 혼란 가운데 있다 보면 예수님이 함께하신다는 사실을 잊곤 합니다. 예수님이 죽음에서 부활하신 바로 그날, 다른 도시를 향해 여행을 하던 두 제자도 그랬습니다.

뜨거워진 마음

모든 성경이 예수님을 가리키다.

누가복음 24장 25~27절

그날에 그들 중 둘이 예루살렘에서 이십오 리 되는 엠마오라 하는 마을로 가면서 이 모든 된 일을 서로 이야기하더라 그들이 서로 이야기하며 문의할 때에 예수께서 가까이 이르러 그들과 동행하시나 그들의 눈이 가리어져서 그인 줄 알아보지 못하거늘 예수께서 이르시되 너희가 길 가면서 서로 주고받고 하는 이야기가 무엇이냐 하시니 두 사람이 슬픈 빛을 띠고 머물러 서더라 그 한 사람인 글로바라 하는 자가 대답하여 이르되 당신이 예루살렘에 체류하면서도 요즘 거기서 된 일을 혼자만 알지 못하느냐 이르시되 무슨 일이냐 이르되 나사렛 예수의 일이니 그는 하나님과 모든 백성 앞에서 말과 일에 능하신 선지자이거늘 우리 대제사장들과 관리들이 사형 판결에 넘겨 주어 십자가에 못 박았느니라 우리는 이 사람이 이스라엘을 속량할 자라고 바랐노라 이뿐 아니라 이 일이 일어난 지가 사흘째요 또한 우리 중에 어떤 여자들이 우리로 놀라게 하였으니 이는 그들이 새벽에 무덤에 갔다가 그의 시체는 보지 못하고 와서 그가 살아나셨다 하는 천사들의 나타남을 보았다 함이라 또 우리와 함께 한 자 중에 두어 사람이 무덤에 가 과연 여자들이 말한 바와 같음을 보았으나 예수는 보지 못하였느니라 하거늘

누가는 두 제자가 예수님이 체포되시고, 재판에서 십자가형을 선고받아 죽으셨던 그 주말의 사건에 관해 열띤 토론을 벌였다는 것을 강조했습니다(눅 24:20). 예수님의 십자가 사건으로 그들의 꿈이 깨어졌습니다. 그런데 죽으셨던 예수님이 그들의 눈앞에 다시 나타나셨습니다.

제자들을 보내신 예수님

제자들이 부활하신 예수님을 만나 평강을 누리다.

바로 그 이야기를 완성하기 위해 왔단다

누가복음 24장 25~27절

이르시되 미련하고 선지자들이 말한 모든 것을 마음에 더디 믿는 자들이여 그리스도가 이런 고난을 받고 자기의 영광에 들어가야 할 것이 아니냐 하시고 이에 모세와 모든 선지자의 글로 시작하여 모든 성경에 쓴 바 자기에 관한 것을 자세히 설명하시니라

예수님은 성경의 기록을 이해하지 못한 두 제자에게 실망감을 표하셨습니다. 메시아에 관한 성경의 가르침을 믿음으로 선뜻 받아들이지 못하는 제자들을 '미련하다'(지혜롭지 못하다)와 '더디다'라고 묘사하셨습니다.

성경은 메시아를 하나님의 백성을 속박으로부터 구원해 낼 약속의 구원자로 가르쳐 왔습니다. '모세와 모든 선지자'에 관한 언급은 오늘날 그리스도인들이 구약이라고 부르는 히브리 성경을 가리킵니다. 예수님 시대에, 사람들은 구약을 '결말을 찾는 이야기'라고 불렀습니다. 그 시대의 유대인들은 그들 이야기의 마지막 장이 시작되기를 기다리고 있었습니다. 메시아가 진두지휘하는 종말을 기다려 왔습니다. 그래서 예수님은 글로바와 다른 제자에게 이렇게 말씀하셨습니다. "내가 그 이야기를 완성하기 위해 왔다. 나는 모든 성경의 중심이다."

너도 마음이 뜨거워졌니?

누가복음 24장 28~35절

그들이 가는 마을에 가까이 가매 예수는 더 가려 하는 것같이 하시니 그들이 강권하여 이르되 우리와 함께 유하사이다 때가 저물어가고 날이 이미 기울었나이다 하니 이에 그들과 함께 유하러 들어가시니라 그들과 함께 음식 잡수실 때에 떡을 가지사 축사하시고 떼어 그들에게 주시니 그들의 눈이 밝아져 그인 줄 알아보더니 예수는 그들에게 보이지 아니하시는지라 그들이 서로 말하되 길에서 우리에게 말씀하시고 우리에게 성경을 풀어 주실 때에 우리 속에서 마음이 뜨겁지 아니하더냐 하고 곧 그때로 일어나 예루살렘에 돌아가 보니 열한 제자 및 그들과 함께한 자들이 모여 있어 말하기를 주께서 과연 살아나시고 시몬에게 보이셨다 하는지라 두 사람도 길에서 된 일과 예수께서 떡을 떼심으로 자기들에게 알려지신 것을 말하더라

성경에 관해 설명해 주면서 마음을 뜨겁게 하셨던 분이 바로 부활한 왕이심을 알았을 때 그들이 얼마나 놀랐을지 상상해 보세요. 그다음 구절은 이렇게 기록되었습니다. "그들의 눈이 밝아져"(31절). 그들은 그제야 예수님이신 줄 알아봤습니다. 그런데 예수님은 그분의 정체가 드러나자마자 갑자기 그들의 눈앞에서 사라지셨습니다. 두 제자가 마침내 예수님을 알아보게 된 때에 왜 사라지신 걸까요? 여러 가지 추측을 해 볼 수 있습니다. 열한 제자를 비롯하여 다른 제자들과 만날 기회를 만들기 위해 사라지신 것일 수 있습니다(눅 24:36~49). 그런데 이처럼 예수님이 사라지심으로써 두 제자는 예루살렘으로 돌아가 자신들에게 어떤 일이 있었는지를 보고하게 되었습니다(눅 24:33~35). 이것은 곧바로 이어지는 장면에서 예수님이 제자들에게 극적으로 나타나실 무대를 마련한 셈이 되었습니다.

예수님과 동행하는 동안에 마음이 뜨거워졌다는 말은 무슨 의미일까요?

_____

_____

왜 예수님은 이런 방법으로 그들에게 자신을 알리셨을까요? 만약에 그때 내가 두 제자와 함께 있었다면, 어떻게 반응했을까요?

_____

_____

가서 전하라
땅끝까지 가서 사명을 완수하라.

성경의 조명

하나님의 지혜와 인간의 지혜 사이의 큰 격차와 인간의 죄성 때문에, 인간은 성령님의 조명이 없이 자신의 힘만으로 영적 진리를 온전히 파악할 수 없습니다. 그리스도인은 말씀의 뜻을 해석하는 과정 가운데 인간의 이성만 의지하거나 학술 기관이나 학자를 의지하지 않고, 마음과 생각에 말씀을 조명해 주시는 성령님의 역사를 의지합니다(요 14:15~18; 16:7~15).

승천하신 예수님
예수님이 성령님을
보내겠다고 약속하시다.

그리스도와의 연결

엠마오로 가는 길에서, 부활하신 예수님이 구약성경이 그분의 고난과 영광에 관해 어떻게 언급하는지를 설명해 주셨습니다. 제자들과 마찬가지로, 우리도 하나님의 기록된 말씀의 핵심에 있는 복음에 집중하여, 그리스도의 죽음과 부활의 관점에서 성경을 통독해야 할 것입니다.

우리 마음이 밝게 빛나기 위해서,
하나님을 올바로 보는 것을 배우기 위해서
우리는 그리스도를 전해야만 합니다.
그 외에 다른 것은 없습니다.
마르틴 루터 Martin Luther

54　　　　07 엠마오를 향해 터덜터덜 걷다가

하나님이 들려주시는 이야기는 오늘을 사는 나와 늘 연결되어 있습니다. 아래 질문에 답하면서 성경 이야기가 내 이야기와 어떻게 연결되는지 생각해 봅시다.

▶ 하나님은 왜 우리로 하여금 슬픔과 혼란의 시간을 주셔서 견디게 하실까요? 주님이 숨어 계신 듯 보이거나 변장하신 듯 보일지라도 주님이 우리와 함께하고 계신 것을 안다면 그것은 우리에게 어떤 영향을 미칠까요?

▶ 하나님은 우리가 고통스러운 상황에 놓일 때, 그분이 우리와 함께해 주심을 기억하도록 하시기 위해 자신의 백성과 말씀을 어떻게 사용하실까요?

▶ 구약의 유명한 이야기 몇 편을 떠올려 보세요. 그 이야기가 그리스도를 가리킨다는 사실을 알고 있나요? 그리스도와의 관계를 이해하는 관점으로 성경 이야기를 보는 것이 중요한 이유는 무엇일까요?

▶ 이 이야기는 말씀 안에서 개인적으로 묵상 시간을 갖는 것이 중요하다는 것을 어떻게 강조하고 있나요?

하나님의 이야기
하나님이 그분의 아들
예수 그리스도를 통해
우리를 구속해 주신 이야기

우리의 이야기
우리의 이야기가
하나님의 이야기와
만나는 곳

YOUR MISSION

생각

하나님이 우리에게 주신 사명은 성경을 도덕책이나 도덕적 진보 프로그램쯤으로 알리는 것이 아닙니다. 오히려 사람들을 대속하시고, 회복하시며 하나님과 화해시키기 위해 오신 부활의 왕을 사람들에게 소개하는 것입니다. 예수님이 자신을 우리에게 알리시는 것은 하나님을 알게 하시는 것입니다. 요한복음은 "본래 하나님을 본 사람이 없으되 아버지 품속에 있는 독생하신 하나님이 나타내셨느니라"(요 1:18)라고 말합니다.

- 성경을 우리가 따라야 할 좋은 행동을 모아 놓은 거대한 책으로 보지 않고, 하나님이 독생자를 통해 인간을 구원하신 이야기로 보는 것이 중요한 이유는 무엇인가요?
- 성경이 예수님과 예수님의 가르침을 배울 최고의 방법이라면, 성경 읽기를 게을리했을 때 궁극적으로 어떤 위험에 처하게 될까요?

마음

두 제자는 "길에서 우리에게 말씀하시고 우리에게 성경을 풀어 주실 때에 우리 속에서 마음이 뜨겁지 아니하더냐"(눅 24:32)라고 말함으로써, 성경을 올바로 이해하면 어떤 일이 일어나는지를 제대로 알려 줍니다. 수세기에 걸쳐 제자들과 수없이 많은 그리스도인은 성경을 이해하고, 모든 이야기와 사건이 예수님을 어떻게 가리키고 있는가를 봄으로써 마음이 뜨거워졌고, 말씀을 향한 사랑과 열정이 솟아났으며 말씀에 대해 더욱 갈급해졌습니다.

- 제자들처럼 성경 말씀으로 인해 마음이 움직인 적이 있었나요?
- 어떻게 하면 하나님의 말씀을 향한 열정과 갈급함을 가질 수 있을까요?

행동

두 제자가 예수님의 부활 소식을 전하기 위해 얼마나 빨리 달려갔는지를 주목하십시오. 예수님과의 만남은 기밀 사항이 아닙니다. 오히려 사명으로 이끕니다. 예수님은 자신을 계시하실 때, 우리가 다른 사람들에게 증인이 되어 그분의 영광과 이름을 널리 알리기를 기대하십니다.

- 두 제자가 예수님의 부활 소식을 전한 것이 왜 당연한 일일까요?
- 무엇이 복음 전도를 좀 더 자연스럽게 느껴지도록 도울 수 있을까요?

다음 모임까지 **다니엘 7~12장**을 읽어 보세요.

08

약속한 대로
내가 돌아왔다

성 경 말 씀   요한복음 20장 19~23절

포 인 트   하나님 아버지께서 예수님을 세상에 보내신 것처럼, 예수님도 우리를 사명을 행하도록 보내신다.

등 장 인 물   예수님(하나님의 아들, 성자 하나님)
제자들(예수님이 그분의 사역에 동참하고 복음을 전하게 하려고 선택하신 사람들)

메시지 좌표   부활하신 예수님을 목격한 사람의 수가 계속해서 늘어났습니다. 예수님은 무덤가에서 여인들에게 처음 나타나셨습니다. 그리고 제자들을 만나기 위해 갈릴리로 가시던 길에 엠마오로 향하던 두 제자에게도 나타나셨습니다.

제자들을 보내신 예수님

제자들이 부활하신 예수님을 만나 평강을 누리다.

의심을 넘어섬

도마가 부활하신 예수님을 보고 만지자 의심이 사라지다.

얘들아, 샬롬!

예수님의 제자들은 대단히 충격적인 주말을 보냈습니다. 이스라엘 나라를 회복시켜 주실 것이라고 기대했던(행 1:6) 분이 십자가에 못 박히시고 말았습니다. 그런데 안식 후 첫날 저녁에는 막달라 마리아로부터 "내가 주를 보았다"(요 20:18)라는 말을 듣게 되었습니다. 제자들은 두려움에 떨며 서로 꼭 붙어 있었습니다.

> **요한복음 20장 19절**
> 이날 곧 안식 후 첫날 저녁때에 제자들이 유대인들을 두려워하여 모인 곳의 문들을 닫았더니 예수께서 오사 가운데 서서 이르시되 너희에게 평강이 있을지어다

예수님은 놀라운 모습으로 등장하셔서 제자들에게 말씀해 주셨습니다. 요한은 이때 주신 예수님의 말씀에서 세 가지 초점을 두었습니다. 그 중 첫 번째 초점은, 그들에게 불안한 마음과 두려움을 이겨 낼 평안을 주겠다고 하신 주님의 약속을 상기시키는 인사말이었습니다(요 14:27; 16:33).

평강에 대한 말씀은 하나님의 사명을 위해 세상으로 나아가는 그리스도인을 크게 격려해 줍니다. 우리의 의를 위해 죽은 자 가운데서 다시 살아나신 왕을 믿음으로써 우리는 하나님과 참된 평화를 이룹니다(롬 4:25~5:1). 하나님은 이제 우리에게서 죄를 찾지 않으십니다. 세상에서 우리는 그리스도의 이름을 주장하는 것만으로도 고통당하고 죽임당할 수 있습니다. 그러나 하나님은 고된 세상을 살아가는 우리의 마음을 두려움과 불안으로부터 지켜 줄 평안을 주십니다.

두려움과 불안 가운데 하나님의 평안을 경험해 본 적이 있나요?

> 예수님을 따르고 싶다면 땅끝까지 그분을 따라가야 합니다.
> 왜냐하면 그곳이 바로 주님이 향하신 곳이기 때문입니다. …
> 주님을 선교하시는 하나님이라고 생각하지는 않고는
> 하나님에 관해 생각할 수 없습니다.
> 로버트 스피어 Robert Speer

나를 보내신 것처럼 너희도 보내노라

> **요한복음 20장 20~21절**
> 이 말씀을 하시고 손과 옆구리를 보이시니 제자들이 주를 보고 기뻐하더라 예수께서 또 이르시되 너희에게 평강이 있을지어다 아버지께서 나를 보내신 것같이 나도 너희를 보내노라

이것은 예수님이 제자들에게 주신 두 번째 말씀입니다. 예수님은 이 말씀을 주시기 위해 제자들을 두 가지 방법으로 준비시키셨습니다. 한 가지 방법은, 제자들에게 손과 옆구리를 보여 주신 것입니다. 예수님의 손과 옆구리의 상처는 고난과 승리의 흔적입니다. 죽음을 이긴 증표입니다. 제자들은 그분을 다시 보았을 때, 당연히 너무나 기뻐했습니다.

다른 한 가지 방법은, 또다시 평강을 말씀해 주신 것입니다. 그리고 그들에게 위대한 사명을 주셨습니다. 하나님이 예수님을 보내셨던 것처럼, 예수님도 제자들을 세상으로 보내실 것입니다. 요한복음에서 예수님은 하나님이 자신을 보내셨다고 자주 말씀하셨습니다. 그러한 보내심과 동일 선상에서 예수님도 제자들을 보내십니다.

예수님의 이 말씀은 십자가에 돌아가시기 전날 밤에 하셨던 기도를 반영하고 있습니다. 예수님은 제자들을 위해 몇 번이나 기도하셨는데, 보내심을 받으신 것처럼 그들을 보내겠다고 분명히 선포하셨습니다(요 17:18). 예수님은 동일한 선교 사명에 참여하도록 우리를 초대하십니다. 하나님은 예수님을 보내셨고 예수님은 우리를 초대하시는데, 평안으로 가서 다른 사람을 사랑하고 은혜로 진리를 전하라고 명령하십니다.

죄와 죽음을 이기신 예수님의 승리와 평화의 약속은 우리가 사명을 감당하며 살아가도록 어떻게 힘을 줄까요?

후유, 성령을 받으라

제자들은 예수님이 주신 사명을 제힘으로는 감당할 수 없습니다. 십자가에 못 박히시기 전날 밤에, 예수님은 제자들이 사명을 감당하도록 보내실 것이라고 약속하셨습니다(요 14:15~17; 25~26; 15:26~27; 16:13~15). 부활하신 뒤에 주신 세 번째 말씀은, 바로 그 약속을 지키시겠다는 것이었습니다.

나를 따르라

예수님이 모든 사람을 용서하시고, 믿는 사람을 부르시다.

가서 전하라

땅끝까지 가서 사명을 완수하라.

이야기하신 시점이 혼란스러워 보입니다. 예수님은 부활하신 날에 제자들에게 성령님을 받으라고 말씀하셨습니다. 그런데 사도행전에서는 부활하시고 40일쯤 뒤에 제자들에게 성령님을 받을 것에 대해 말씀하셨습니다(행 1:5). 그리고 제자들이 사명을 감당할 수 있도록 도우실 성령님은 예수님이 부활하신 지 50일째 되던 오순절에 오셨습니다(행 2:1~47).

요한복음 20장 23절을 이해하려면, "그들을 향하사 숨을 내쉬며"(22절)라는 구체적인 언급에서 단서를 찾아야 합니다. 이것은 상징적인 행동일 가능성이 높습니다. D. A. 카슨은 숨을 내쉬며 "성령을 받으라"(22절)라고 명령하신 것은 "아직은 이르지 않았으나 장차 온전히 부어질 것에 관한 일종의 행위적 비유로 이해하는 것이 가장 적합하다"라고 주장합니다(요한복음의 독자들에게는 과거 일이겠지만 말입니다).

승천하신 예수님

예수님이 성령님을 보내겠다고 약속하시다.

오순절에 임하신 성령님

복음을 전파할 힘을 성령님이 주시다.

삼위일체 하나님

알짬 교리 **99**

성경은 하나님이 한 분임을 확증하면서도(막 12:29; 고전 8:4~6), 동시에 세 위격, 즉 성부, 성자, 성령으로 존재하신다고 확증합니다. 이처럼 성부, 성자, 성령 세 위격이 각각 하나님이시므로, 신성은 위격과 별개로 존재하는 것이 아닙니다. 곧 신성이 있고, 또 세 위격이 계셔서 모두 넷이 있는 것이 아닙니다. 하나님의 신성은 각 위격과 분리되지 않으십니다. 그리고 각 위격은 다른 위격과 구별되십니다(요 6:27; 빌 2장; 행 5:3~4; 마 11:27; 요 14:16; 10:30). 이처럼 구별되는 세 위격이 완전한 연합 가운데 계시어 세 하나님이 아니라 한 분 하나님이시며, 하나님으로서의 신성도 하나뿐이십니다. 이것이 기독교의 핵심적인 교리로, 이 교리로부터 벗어나는 것은 정통 기독교이기를 포기하는 것과도 같습니다.

그리스도와의 연결

예수 그리스도께서 죄인을 구원하기 위하여 하신 일은 성부와 성자와 성령 하나님 모두가 함께하신 것입니다. 성경에 따르면 성부 하나님은 성자 하나님을 보내시고, 성자 하나님은 그분의 백성을 세상으로 보내시며, 성부 하나님과 성자 하나님은 사명을 감당할 권한을 우리에게 주시기 위해 성령님을 보내셨습니다. 그리스도인으로서 우리는 우리를 보내신 하나님과 고난받은 구원자의 형상을 지닌, 보냄을 받은 자입니다.

08 약속한 대로 내가 돌아왔다

하나님이 들려주시는 이야기는 오늘을 사는 나와 늘 연결되어 있습니다. 아래
질문에 답하면서 성경 이야기가 내 이야기와 어떻게 연결되는지 생각해 봅시다.

▶ 하나님만이 주실 수 있는 평화를 경험하는 것이 왜 중요할까요?

▶ 우리가 그리스도의 대사로서 세상에 평화를 주는 사명이 있음을 기억하는 것이 중요한
   이유는 무엇인가요?

▶ 예수님의 말씀대로 하나님의 사명을 감당하는 제자로 살아가려면 어떤 단계를 거치게
   될까요?

▶ 교회가 하나님의 선교에 좀 더 집중하려면 어떤 점을 조정해야 할까요?

하나님의 이야기
하나님이 그분의 아들
예수 그리스도를 통해
우리를 구속해 주신 이야기

우리의 이야기
우리의 이야기가
하나님의 이야기와
만나는 곳

YOUR MISSION

생각

성령님이 임하시는 것은 죄 용서와 긴밀하게 연결되어 있습니다. 용서는 성령님이 우리에게 선포하도록 권한을 주신 복음이 주는 위대한 축복입니다. 그렇다면 죄 용서란 정확히 무엇일까요? 그것은 우리의 죄를 완전히 덮어 버리시며 잘못을 계산하지 않으신 하나님의 행위입니다(행 3:19). 이 용서의 토대는 예수님이 십자가에서 흘리신 피와 희생입니다. 예수님의 죽음은 하나님의 풍성한 사랑의 표현이며, 하나님을 믿는 자를 위한 것이며, 하나님의 공의를 만족시키는 것입니다.

- 그리스도인의 삶에서 성령님은 어떤 역할을 하실까요?
- 성령님이 믿는 자의 삶에 필수적이라면, 우리는 어떻게 해야 성령님께 더 많이 의존할 수 있을까요?

마음

예수님이 약속하신 평안은 구약에 약속된 것입니다. 히브리어 '샬롬'은 갈등이 없는 것 이상을 의미합니다. 그것은 번창하고, 부유하고, 완전하며, 온전한 상태에 관한 것입니다. 그리고 평화는 하나님이 의도하신 대로 올바로 존재하는 모든 것의 상태를 말합니다. 그 평화는 세상이 줄 수 없고, 오로지 하나님만이 주실 수 있습니다.

- 예수님의 평화에 사로잡혔던 때가 있다면 구체적으로 설명해 보세요.
- 하나님의 평안을 알면 주님을 향한 믿음이 어떻게 강해질까요?

행동

그리스도인은 보내시는 하나님과 고난받으시는 구원자의 형상으로 형성된 보냄을 받은 존재로서 보냄을 받은 백성임을 서로 상기시켜 주는 것은 언제나 가치가 있습니다. 이러한 생각은 우리가 이웃과 공동체와 여러 관계에 있는 사람에게 나아가 평화의 복음을 선포할 때, 우리로 하여금 예수님이 주신 사명의 발걸음을 따라가도록 이끕니다.

- 그리스도인들이 자기 자신을 세상으로 보냄을 받은 그리스도의 대사로 보지 못하는 이유는 무엇일까요?
- 사명에 소홀하게 만들 정도로 우리를 산만하게 하는 일상적인 일들에는 어떤 것들이 있을까요? 어떻게 하면 산만함을 극복할 수 있을까요?

다음 모임까지 **역대하 36:22~23; 에스라 1~6장**을 읽어 보세요

09

네 안의 도마에게
말한다

성경 말씀	요한복음 20장 24~29절
포 인 트	믿음은 바라는 것들의 실상이요 보이지 않는 것들의 증거이다.
등 장 인 물	예수님(하나님의 아들, 성자 하나님) 도마(예수님이 부활 후 처음 나타나셨을 때, 다른 제자들과 함께 있지 않았던 제자, 부활하신 예수님을 직접 보면 믿겠다고 함)
메시지 좌표	기독교의 믿음을 의심해 본 적이 있나요? 대답이 필요한 질문을 해 본 적이 있나요? 믿음에 어떤 증거나 지지해야 할 이유가 있는지에 대하여 궁금해 한 적이 있나요? 만약 그렇다면, 혼자만 그런 게 아닙니다. 많은 사람이 비슷한 의심을 경험합니다. 그것은 부끄러운 일이 아닙니다. 예수님의 제자인 도마는 의구심을 표현하며 증거를 보여 달라고 했습니다. 예수님은 그를 책망하지 않으셨습니다. 대신에 감사하게도 도마의 의구심에 답하심으로써 그의 의구심을 해결해 주셨습니다.

의심을 넘어섬

도마가 부활하신 예수님을 보고
만지자 의심이 사라지다.

나를 따르라

예수님이 모든 사람을
용서하시고,
믿는 사람을 부르시다.

도마만 의심 많은 게 아냐

요한복음 20장 24~25절
열두 제자 중의 하나로서 디두모라 불리는 도마는 예수께서 오셨을 때에 함께 있지 아니
한지라 다른 제자들이 그에게 이르되 우리가 주를 보았노라 하니 도마가 이르되 내가 그
의 손의 못 자국을 보며 내 손가락을 그 못 자국에 넣으며 내 손을 그 옆구리에 넣어 보지
않고는 믿지 아니하겠노라 하니라

부활한 왕이신 예수님이 죽은 자 가운데서 다시 살아나셔서 제자들에게
나타나셨던 날, 도마가 왜 그 자리에 없었는지는 잘 알려져 있지 않습니
다. 다른 제자들이 살아 계신 주님을 만났다고 주장하자, 도마는 확신하
지 못한 채 믿음의 조건을 내세웠습니다. 육체의 증거를 봐야 한다는 조
건이었습니다. 그는 부활하신 주님의 상처를 보고, 심지어 만져 봐야 한
다고 말했습니다.

　　도마와 마찬가지로, 우리는 모두 이런저런 형태의 의심과 씨름합
니다. 심지어 예수님을 믿는 자들에게도 의심의 순간이 있습니다. 실제
로 의심의 종류는 다양하며, 사람마다 그 유형이 다를 수 있습니다.

괜찮아, 내 상처를 만져 보렴

요한복음 20장 26~27절
여드레를 지나서 제자들이 다시 집 안에 있을 때에 도마도 함께 있고 문들이 닫혔는데
예수께서 오사 가운데 서서 이르시되 너희에게 평강이 있을지어다 하시고 도마에게 이
르시되 네 손가락을 이리 내밀어 내 손을 보고 네 손을 내밀어 내 옆구리에 넣어 보라 그
리하여 믿음 없는 자가 되지 말고 믿는 자가 되라

요한복음의 독자는 데자뷔 현상을 경험할 것입니다. 처음 보거나 겪는
것임에도 마치 전에 보거나 겪은 듯한 현상을 말합니다. 이것은 분명히
예수님이 한 주 전에 나타나셨던 때와 완전히 똑같습니다. "여드레를 지
나서"는 이날이 한 주 지난 일요일이었음을 말해 줍니다. 요한은 결국 이
날을 '주의 날'(계 1:10)로 부르게 됩니다. 한 주 전 일요일처럼, 예수님은
닫힌 문을 통과해서 들어오셨고, 똑같이 평화의 인사를 하셨습니다. 그러

고 나서, 도마를 보시고 가벼운 책망과 같은 말씀으로 도전하셨습니다.

먼저 도마에게 증거를 확인하게 하셨습니다. 그러자 도마가 자신이 내건 믿음의 조건이 충족되었다는 것을 스스로 알게 되었습니다. 다시 한 번 예수님은 자신이 '말씀이 육신이'(요 1:14) 되신 분임을 알려 주셨습니다.

"믿음 없는 자가 되지 말고 믿는 자가 되라"(요 20:27)라는 말씀은 예수님이 도마에게 주신 도전의 핵심입니다. 이 지점까지 내내 도마는 예수님의 신실한 제자였습니다. 그러나 이제는 십자가에 못 박히셨다가 다시 살아나신 왕을 믿는 믿음을 실행할 필요가 있습니다. 요한복음을 통해, 하나님의 구원과 영생의 선물을 받으려면 예수님을 믿어야 한다는 것을 알 수 있습니다.

제자들에게 두 번째 나타나셨을 때, 예수님은 왜 도마를 지목하셨나요?

_____

_____

가서 전하라
땅끝까지 가서 사명을 완수하라.

믿음

알짬 교리 **99**

성경적인 믿음이란 구원을 위해 그리스도 안에서 머무는 것, 그분만을 신뢰하는 것을 말합니다(요 3:16~21). 진정한 믿음은 역사적 사실들에 대한 단순한 지적 동의를 넘어 복음의 진리를 인정하고 고백함으로써 시작되며(요일 4:13~16), 기쁘게 그리스도를 자신의 주님과 구원자로 영접하고, 그리스도만을 의지하는 데까지 이어집니다(요 1:10~13). 그리스도의 역사적인 삶과 죽음과 부활에 근거를 두는 성경적인 믿음은 맹신이 아닙니다.

진짜 복된 자가 누군지 아니?

> **요한복음 20장 28~29절**
> 도마가 대답하여 이르되 나의 주님이시요 나의 하나님이시니이다 예수께서 이르시되 너는 나를 본 고로 믿느냐 보지 못하고 믿는 자들은 복되도다 하시니라

승천하신 예수님
예수님이 성령님을 보내겠다고 약속하시다.

도마의 반응은 놀랍습니다. 그것은 확신과 신앙고백 가운데 하나였습니다. 도마의 신앙고백은 부활한 왕이신 예수님에 대한 믿음을 표명한 것일 뿐만 아니라 예수 그리스도께서 누구이신지를 드러내고 있습니다. 도

마가 '주'와 '하나님'이라는 용어를 함께 사용하고 있다는 점을 주목할 필요가 있습니다. 구약에서 '주'와 '하나님'은 종종 여호와를 가리키는 칭호로 나란히 사용됩니다. 간단히 말해서, 예수님은 다름 아닌 바로 하나님 자신이십니다!

그런데 29절의 예수님의 반응은 어떻게 이해해야 할까요? 예수님은 도마의 믿음을 인정하시면서도 가볍게 책망하시는 것처럼 보입니다. 정말 그러셨을까요?

예수님 말씀의 뒷부분은 흔히 팔복이라고 부르는 축복의 말씀입니다. 예수님이 말씀하신 가장 유명한 복은 마태복음 5장 3~11절에 기록된 팔복입니다. 부활하신 다음인 여기서도 복을 말씀하십니다. 예수님은 도마를 책망하시기보다는 하늘로 올라가시어 육체적으로는 이 땅에 더 이상 존재하지 않을 때를 예언하십니다. 그 일이 있은 후에는 모든 믿는 자는 부활하신 주님을 보지 않고도 믿어야 할 것입니다.

예수님을 눈으로 보고 믿을 수는 없지만, 우리에게는 기록된 말씀의 증거가 있습니다. 도마처럼 눈으로 봐야만 믿을 수 있다고 생각하나요? 아니면 보지 않고도 믿을 수 있다고 생각하나요?

_____

_____

그리스도와의 연결

우리나 다른 사람에게서 도마와 같은 특성을 쉬이 찾아볼 수 있습니다. 대부분 가벼운 의심을 품거나 친구의 질문에 답하려고 노력합니다. 어찌되었든 의심은 해결해야만 하는 불확실한 것을 우리 안에 불러일으킵니다.

감사하게도 우리가 섬기는 구원자는 의문을 제기하고 의심하는 자를 기쁘게 맞아 주십니다. 그분은 증거를 무시하지 말고 증거 때문에 믿으라고 하십니다. 기독교는 결코 맹목적인 믿음에 의존하지 않습니다. 오히려 예수님의 역사적 부활을 믿음의 근거로 제시해 왔습니다. 우리가 소망하는 대상은 허구가 아닌 실제이기 때문에 우리의 믿음은 진짜입니다. 그분은 예수 그리스도, 곧 부활한 구세주이십니다.

오순절에 임하신 성령님

복음을 전파할 힘을 성령님이 주시다.

담대해진 제자들

베드로와 요한이 기적을 행하고 담대하게 복음을 전하다.

09 네 안의 도마에게 말한다

하나님이 들려주시는 이야기는 오늘을 사는 나와 늘 연결되어 있습니다. 아래 질문에 답하면서 성경 이야기가 내 이야기와 어떻게 연결되는지 생각해 봅시다.

▶ 그리스도인에게 의심이나 문제 제기는 흔한 경험이 될 수 있을까요?

▶ 의심의 유형을 구분하는 것이 왜 중요할까요? 의심의 유형에 따라 그들에 대한 반응이 어떻게 달라져야 할까요?

▶ 도마에 대한 예수님의 반응은 의심하는 자에게 어떤 도전이 되고, 위로가 되었을까요?

▶ 의심이 생기면, 누구에게 의지할 수 있을까요? 믿음과 의심에 관해 열린 마음으로 이야기를 나눌 수 있는 누군가가 있다는 것이 왜 중요할까요?

하나님의 이야기
하나님이 그분의 아들
예수 그리스도를 통해
우리를 구속해 주신 이야기

우리의 이야기
우리의 이야기가
하나님의 이야기와
만나는 곳

YOUR MISSION

생각

신약에서 '믿다'와 '믿음'과 '신앙'은 같은 단어에서 유래했습니다. 다른 말로 하자면, 믿는다는 것은 신앙이 있다는 뜻이며, 신앙을 가졌다는 것은 믿는다는 뜻입니다. 그렇다면 더 분명하게 믿는다는 것, 즉 신앙이란 무엇입니까? 믿음의 세 가지 측면에 관해 생각해 보는 것이 도움이 될 것입니다. 첫 번째 측면은 사실에 관한 것입니다. 즉 예수님과 예수님이 베푸신 구원에 관한 사실에 동의하는 것입니다. 그러나 믿음이란 최소한 사실에 관한 정신적 동의이기는 하지만, 확실히 그 이상입니다. 결국, 야고보서는 "네가 하나님은 한 분이신 줄을 믿느냐 잘하는도다 귀신들도 믿고 떠느니라"(약 2:19)라고 말합니다.

- 믿음의 사실적인 측면이 중요한 이유는 무엇인가요?
- 중요하지만, 사실적 믿음만으로는 충분하지 않다는 것을 어떻게 설명할 수 있을까요?

마음

두 번째 측면은 정서에 관한 것입니다. 예수님에 대한 신뢰이자 예수님을 향한 사랑입니다. 물론, 믿음은 느낌 이상의 것입니다. 확신과 신뢰의 아주 강한 느낌조차도 때로는 흔들릴 수 있습니다. 믿음이 감정 이상인 이유가 그것입니다. 그러나 하나님 안에서의 사랑과 진심 어린 확신은 참 믿음의 일부입니다. 그리스도인은 이것을 간과해서는 안 됩니다.

- 믿음의 정서적인 측면에만 주의를 기울이면, 어떤 위험이 있을까요?
- 로마서 4장 18~21절을 볼 때, 아브라함은 어떻게 굳은 믿음을 가질 수 있었을까요?

행동

세 번째 측면은 의지에 관한 것입니다. 즉 의지적 행위입니다. 매일 예수님께 의지하고자 결심하는 것이며, 삶의 모든 영역에서 주님을 향한 믿음의 훈련을 하는 것입니다. 이것은 귀신들에게는 없는, 믿음의 정서적이며 의지적인 측면입니다. 귀신들은 진리를 부인할 수는 없지만, 기꺼이 순종하지도 않습니다.

- 교회에서 자라지 않은 친구에게 믿음을 어떻게 설명하거나 정의할 수 있을까요? 어린이가 성경적 믿음을 이해할 수 있도록 어떤 비유나 삽화를 사용할 수 있을까요?
- 도마에 대한 예수님의 반응은 의심하는 자들, 이미 예수님을 믿는 자들, 믿지 않는 자들에게 어떻게 반응해야 할지에 관해 무엇을 가르쳐주나요?

> 다음 모임까지 학개 1~2장; 스가랴 1~7장을 읽어 보세요.

09 네 안의 도마에게 말한다

10

다시 한 번, 나를 따르라

성경 말씀	요한복음 21장 1~23절
포 인 트	예수님은 과거의 실패를 용서해 주시고, 주님을 다시 따를 수 있도록 기회를 주신다.
등 장 인 물	예수님(하나님의 아들, 성자 하나님) 제자들(예수님이 그분의 사역에 동참하고 복음을 전하게 하려고 선택하신 사람들)
메시지 좌표	지난 과에서는 예수님이 부활하신 후에 제자들에게 나타나신 이야기를 살펴봤습니다. 그런데 예수님이 붙잡혀 가셨던 그날 밤에 제자들이 왜 예수님을 버리고 도망쳤는지, 또는 왜 예수님을 모른다고 부인했는지에 관해서 논의하는 것은 보지 못했습니다. 그날 일어났던 일에 관해 대화하거나 예수님이 받으신 상처나 배신감을 표현하실 것이라고 기대할 수도 있습니다. 하지만 예수님은 제자들에게 실패감이나 두려움을 주는 대신에 은혜와 자비의 손을 내미셨으며, 사명을 이루어 가도록 다시 위임해 주셨습니다.

나를 따르라

예수님이 모든 사람을
용서하시고,
믿는 사람을 부르시다.

가서 전하라

땅끝까지 가서 사명을 완수하라.

얘들아, 아침부터 먹자

마태복음 4장 18~22절을 보면, 베드로와 다른 몇몇 제자들이 예수님을 따르기 위해 자신의 그물을 버렸습니다. 그런데 요한복음 21장을 보면, 제자들은 물고기를 잡는 곳으로 되돌아갔습니다. 요한복음에는 그들이 그렇게 한 이유나 과정, 또는 그것이 적절하거나 부적절했다는 평가가 없습니다. 그러나 그것은 예수님이 사명을 주어 보내신 제자들에게 기대할 만한 모습이 아니었습니다. 제자들은 부활한 왕이 함께해 주신다는 약속 가운데 자신의 정체성을 찾으려는 노력이 필요합니다.

요한복음 21장 1~14절
그 후에 예수께서 디베랴 호수에서 또 제자들에게 자기를 나타내셨으니 나타내신 일은 이러하니라 시몬 베드로와 디두모라 하는 도마와 갈릴리 가나 사람 나다나엘과 세베대의 아들들과 또 다른 제자 둘이 함께 있더니 시몬 베드로가 나는 물고기 잡으러 가노라 하니 그들이 우리도 함께 가겠다 하고 나가서 배에 올랐으나 그날 밤에 아무것도 잡지 못하였더니 날이 새어갈 때에 예수께서 바닷가에 서셨으나 제자들이 예수이신 줄 알지 못하는지라 예수께서 이르시되 얘들아 너희에게 고기가 있느냐 대답하되 없나이다 이르시되 그물을 배 오른편에 던지라 그리하면 잡으리라 하시니 이에 던졌더니 물고기가 많아 그물을 들 수 없더라 예수께서 사랑하시는 그 제자가 베드로에게 이르되 주님이시라 하니 시몬 베드로가 벗고 있다가 주님이라 하는 말을 듣고 겉옷을 두른 후에 바다로 뛰어 내리더라 다른 제자들은 육지에서 거리가 불과 한 오십 칸쯤 되므로 작은 배를 타고 물고기 든 그물을 끌고 와서 육지에 올라보니 숯불이 있는데 그 위에 생선이 놓였고 떡도 있더라 예수께서 이르시되 지금 잡은 생선을 좀 가져오라 하시니 시몬 베드로가 올라가서 그물을 육지에 끌어 올리니 가득히 찬 큰 물고기가 백쉰세 마리라 이같이 많으나 그물이 찢어지지 아니하였더라 예수께서 이르시되 와서 조반을 먹으라 하시니 제자들이 주님이신 줄 아는 고로 당신이 누구냐 감히 묻는 자가 없더라 예수께서 가서서 떡을 가져다가 그들에게 주시고 생선도 그와 같이 하시니라 이것은 예수께서 죽은 자 가운데서 살아나신 후에 세 번째로 제자들에게 나타나신 것이라

때가 되면, 예수님은 베드로와 이야기를 나누실 것입니다. 그런데 예수님이 제일 먼저 하신 일은 제자들의 아침상을 차리는 것이었습니다. 이 일은 매우 큰 의미가 있습니다. 예수님은 그들에게 아침을 먹이시며 그분이 함께해 주심을 확인시켜 주셨고, 그들의 육체적 필요를 채워 주셨으며, 십자가로 향하기 전에 하셨던 것처럼 섬겨 주셨습니다.

예수님이 주시는 평안을 경험한 적이 있나요?

베드로야, 너는 나를 사랑하니?

요한복음 21장 15~19절
그들이 조반 먹은 후에 예수께서 시몬 베드로에게 이르시되 요한의 아들 시몬아 네가 이 사람들보다 나를 더 사랑하느냐 하시니 이르되 주님 그러하나이다 내가 주님을 사랑하는 줄 주님께서 아시나이다 이르시되 내 어린 양을 먹이라 하시고 또 두 번째 이르시되 요한의 아들 시몬아 네가 나를 사랑하느냐 하시니 이르되 주님 그러하나이다 내가 주님을 사랑하는 줄 주님께서 아시나이다 이르시되 내 양을 치라 하시고 세 번째 이르시되 요한의 아들 시몬아 네가 나를 사랑하느냐 하시니 주께서 세 번째 네가 나를 사랑하느냐 하시므로 베드로가 근심하여 이르되 주님 모든 것을 아시오매 내가 주님을 사랑하는 줄을 주님께서 아시나이다 예수께서 이르시되 내 양을 먹이라 내가 진실로 진실로 네게 이르노니 네가 젊어서는 스스로 띠 띠고 원하는 곳으로 다녔거니와 늙어서는 네 팔을 벌리리니 남이 네게 띠 띠우고 원하지 아니하는 곳으로 데려가리라 이 말씀을 하심은 베드로가 어떠한 죽음으로 하나님께 영광을 돌릴 것을 가리키심이러라 이 말씀을 하시고 베드로에게 이르시되 나를 따르라 하시니

예수님은 베드로가 '세 번 부인'했던 것에 맞춰서 '세 번 위임'해 주셨습니다. 이를 통해 베드로는 회복되기 시작했습니다(요 18:15~27; 21:15~17). 예수님은 베드로에게 세 번이나 "네가 나를 사랑하느냐?"라고 물으셨습니다.

예수님이 회개한 베드로에게 당부하신 것은, 목자가 양을 돌보듯이 예수님을 따르는 사람들을 돌봐야 한다는 것이었습니다. 엄청난 위임입니다. 양을 돌보는 선한 목자이신(요 10:11~16) 예수님이 이제 베드로에게 그 책임을 맡기신 것입니다. 베드로는 예수님을 따르는 사람들을 돌봄으로써 예수님을 향한 자신의 사랑을 보여 줄 것입니다.

결국 베드로는 예수님처럼 양을 위해 자신의 목숨을 버렸습니다 (참조, 요 10:11, 15). 하나님을 영화롭게 하는 것은 인생에서 가장 큰 소명입니다. 예수님은 마태복음 4장 18~19절에서 "나를 따르라"라고 하시며 베드로를 부르셨고 같은 말씀을 마지막으로 들려주셨습니다. 과거의 실패로 삶의 궤적을 정의할 필요는 없습니다. 또한 "나를 따르라"라는 말씀에는 죽을 때까지 제자도를 견지하라는 요구가 포함되어 있습니다. 이것은 주님의 은혜로운 용서와 회복으로만 가능한 일입니다.

다른 사람 말고, 나만 바라봐

베드로는 순교자로 죽을 때까지 한결같이 그 부르심에 대해 예수님께 질문했습니다. 부활한 왕을 따르고 섬기면서 직면하게 되는 어려움을 생각해 볼 때 이 질문은 우리도 드릴 법한 질문입니다. 바로 "이 사람은 어떻

승천하신 예수님

예수님이 성령님을
보내겠다고 약속하시다.

**오순절에 임하신
성령님**

복음을 전파할 힘을
성령님이 주시다.

게 되겠습니까?"라는 질문입니다. 요한복음 21장 20~23절에는 예수님과 베드로의 대화가 계속 이어졌습니다. 이번에는 베드로가 예수님께 질문을 드렸습니다.

요한복음 21장 20~23절

베드로가 돌이켜 예수께서 사랑하시는 그 제자가 따르는 것을 보니 그는 만찬석에서 예수의 품에 의지하여 주님 주님을 파는 자가 누구오니이까 묻던 자더라 이에 베드로가 그를 보고 예수께 여짜오되 주님 이 사람은 어떻게 되겠사옵나이까 예수께서 이르시되 내가 올 때까지 그를 머물게 하고자 할지라도 네게 무슨 상관이냐 너는 나를 따르라 하시더라 이 말씀이 형제들에게 나가서 그 제자는 죽지 아니하겠다 하였으나 예수의 말씀은 그가 죽지 않겠다 하신 것이 아니라 내가 올 때까지 그를 머물게 하고자 할지라도 네게 무슨 상관이냐 하신 것이러라

담대해진 제자들

베드로와 요한이 기적을 행하고 담대하게 복음을 전하다.

몇 년이 지난 후에 베드로는 극심한 고난의 시기에도 어떻게 예수님을 따르고 섬길 수 있는지에 관해 썼습니다. 첫 번째 서신에서 그는 예수님의 인도하심을 따르고, 의롭게 심판하시는 하나님께 의탁해야 한다고 하면서 사람들에게 도전했습니다(벧전 2:21~25).

죄의 전가   알짬 교리 **99**

예수 그리스도께서 십자가에서 죄인들을 용서하셨을 때, 우리의 죄는 우리를 대신해 죄가 되신 그리스도께 전가되었습니다. 우리의 죄는 그리스도께, 그리스도의 의는 우리에게 전가되었습니다(고전 1:30; 롬 5:17). 하나님 아버지께서는 그리스도를 믿는 사람들을 보실 때 그들의 죄를 보시는 것이 아니라, 이제 그들의 것이 된 그리스도의 의를 보십니다(롬 4:6).

나눔 공동체가 된 초대교회

연합과 관대함을 교회가 보여 주다.

그리스도와 연결

예수님은 제자들과 아침 식사를 하시면서 회복의 능력을 실제로 보여 주셨습니다. 예수님은 사람들을 죄에서 구원하시려는 하나님의 계획을 성취하셨습니다. 예수님의 십자가 사건으로 말미암아 제자들의 죄와 실패를 용서하실 수 있었고, 주님을 따르는 사명을 다시 위임하실 수 있었습니다.

하나님이 들려주시는 이야기는 오늘을 사는 나와 늘 연결되어 있습니다. 아래 질문에 답하면서 성경 이야기가 내 이야기와 어떻게 연결되는지 생각해 봅시다.

▶ 예수님은 어떻게 자신의 능력을 드러내고 필요를 채워 주셨나요? 오로지 주님만이 대답해 주시고 채워 주실 수 있었던 상황을 겪은 적이 있었나요?

▶ 예수님은 어떠한 모습으로 자신의 백성에게 목자가 되어 주셨나요?

▶ 예수님을 따르는 자로서 우리는 어떻게 '주님의 양'을 먹일 수 있을까요?

▶ 그리스도인이 예수님을 따르기 위해 세상과 교회와 가정에서 치러야 하는 대가는 무엇일지에 대해 이야기해 봅시다.

하나님의 이야기
하나님이 그분의 아들
예수 그리스도를 통해
우리를 구속해 주신 이야기

우리의 이야기
우리의 이야기가
하나님의 이야기와
만나는 곳

YOUR MISSION

생각

하나님은 예수님을 따르는 다른 사람과 비교하지 말고, 우리가 어디로 가든지 우리에게 무슨 일이 일어나든지 상관없이 주님을 따름으로써 예수님을 향한 사랑을 나타내라고 하십니다. 우리에게 찰나의 고통이 찾아올 때, 비교하는 게임을 하지 않고, 영원의 통찰력을 가지려면 은혜가 필요합니다. 그러면 고통은 언젠가는 믿을 수 없을 만큼 작아질 것입니다.

- 그리스도 안에 있는 형제자매에게서 경쟁심을 느껴 본 적이 있다면 언제인가요?
- 하나님이 사람들을 향해 각기 다른 계획을 가지고 계신 것에 대해 궁금해 하는 이유는 무엇일까요?

마음

'예수님을 따르라'는 명령에 순종하고자 할 때, 사람들은 종종 동사의 목적어보다는 동사 자체에 모든 주의를 기울인다고 해도 과언이 아닙니다. 다시 말하자면, '따르다'라고 했을 때, 우리는 삶에 수반되는 것들, 예를 들면, 잠재적인 불편함, 박해, 적대감 등과 같은 것에 더 많은 주의를 기울입니다. 물론 그런 것들이 주님을 따르는 것에 관한 실재가 될 수도 있습니다. 그러나 우리의 주된 관심은 따르는 행위에 있지 않고, 우리가 따르는 대상, 즉 예수님께 있습니다. 우리는 윤리적 규범이나 삶의 철학적 방식을 따르는 것이 아닙니다. 우리는 생명이신 주님을 따르는 것입니다. 오로지 주님께 주의를 집중할 때에야 비로소 예수님을 따르는 어려움에 관한 올바른 관점을 가지게 될 것입니다.

- 큰 희생과 엄청난 고통이 따를 때, 어떻게 해야 믿는 자들이 예수님을 따르고 섬기는 데에 집중할 수 있을까요?
- 따라야 할 명령보다는 따라야 할 분께 초점을 맞추는 것이 중요한 이유는 무엇일까요?

행동

과거의 실패로 삶의 궤적을 정의할 필요는 없습니다. 그리스도를 부인하는 무시무시함에서 돌이켜, 다시 헌신적으로 예수님을 사랑할 때, 주님은 우리를 용서하시며 우리에게 주셨던 그 사명을 재위임해 주십니다.

- 개인적으로 불신앙의 시기를 보내는 사람에게, 그리스도께서 베드로를 다시 위임해 주신 일은 어떠한 힘과 의미가 될까요?
- 죄와 실패로 낙담한 누군가를 격려하고자 할 때 베드로가 다시 위임을 얻게 된 이야기를 어떻게 사용할 수 있을까요?

> 다음 모임까지 스가랴 8~14장; 에스더 1~5장을 읽어 보세요.

11

땅끝까지 가서
해야 할 일이 있어

성 경 말 씀   마태복음 28장 16~20절

포 인 트   예수님은 모든 믿는 자들에게 땅끝까지 이르러 제자를 삼으라고 말씀하신다.

등 장 인 물   예수님(하나님의 아들, 성자 하나님)
제자들(예수님이 그분의 사역에 동참하고 복음을 전하게 하려고 선택하신 사람들)

메시지 좌표   예수님은 하나님 아버지께로 올라가시기 전에, 모든 민족을 제자로 삼을 수 있도록 제자들을 위임하셨습니다. 이것을 '지상 명령'이라고 합니다. 이는 모든 그리스도인이 진지하게 받아들여야 할 부르심입니다. 왜냐하면 믿는 자로서 매일의 삶을 어떻게 살아가야 하는지에 관한 가르침이 구체적으로 담겨 있기 때문입니다.

가서 전하라

땅끝까지 가서 사명을 완수하라.

승천하신 예수님

예수님이 성령님을
보내겠다고 약속하시다.

하늘과 땅의 모든 권세를 내게 주셨단다

마태복음 28장 16~18절
열한 제자가 갈릴리에 가서 예수께서 지시하신 산에 이르러 예수를 뵈옵고 경배하나 아
직도 의심하는 사람들이 있더라 예수께서 나아와 말씀하여 이르시되 하늘과 땅의 모든
권세를 내게 주셨으니

제자들은 그들이 기다려 왔던, 그리고 얼마 전에는 영원히 잃어버렸다고
생각했던 그분을 만나기 위해 갈릴리로 향했습니다. 그들은 예수님을 만
나자 그분이 이미 예언하셨던 대로 경배를 드렸습니다. 그러나 17절에는
의심하는 제자도 있었다고 전하고 있습니다.

열한 제자 가운데 누가 의심했는지, 또는 갈릴리로 가는 제자들을
따라간 더 큰 무리가 있었는지는 명확하지 않습니다. 그런데 이 무리 중
에 의심하는 자가 있었음은 분명합니다. 이 질문에 대해 확실하게 답하
기는 어렵습니다. 그럼에도 불구하고 그 순간에 의심이 있었고, 굳은 마
음이 있었음을 알 수 있습니다.

예수님은 그들에게 믿음이 없을지라도 흔들리거나 낙담하지 않으
셨습니다. 제자들에게 전해 주실 사명에 초점을 맞추셨습니다. 예수님은
제자들에게 사명을 위임하시기 전에 자신의 능력을 견고히 하셨습니다.
하나님 아버지에게서 완전한 권위와 권능을 받으셨기 때문입니다.

**본문처럼 예수님이 거룩한 권세를 가지신 것을 알려 주는 다른 성
경 구절에는 무엇이 있을까요?**

이 권세는 십자가에 못 박혀 무덤에 묻히신 후 죽은 자와 함께 누웠다가
다시 살아나신 분이 주신 것입니다.
하늘과 땅의 권세가 그분께 주어졌으니,
하늘에서 통치하셨던 분이
믿는 자들의 믿음을 통해 땅에서도 통치하십니다.
히에로니무스 jerome

그러니 너는 가서 전하라

마태복음 28장 19절
그러므로 너희는 가서 모든 민족을 제자로 삼아 아버지와 아들과 성령의 이름으로 세례를 베풀고

제자들은 '가라'는 지시를 받았습니다(마 28:19). 이것은 제안이 아니었습니다. 예수님은 그들이 갈 수도 있다거나, 짬을 낼 수 있다면 가라고 말씀하지 않으셨습니다. 분명하게 예수님은 그들이 반드시 지켜야 하는, 순종해야 할 명령으로 말씀하셨습니다. 부활의 왕이신 예수님이 그들에게 가라고 명령하셨습니다.

여기서 '가라'는 단기 여행, 장기 여행을 의미하는 동사입니다. 제자들은 이 명령에 순종해야 했습니다. 그들처럼 우리도 이 명령에 순종할 때 그들에게 그랬던 것처럼 우리에게도 유혹이 찾아올 것입니다. 그러나 예수님은 말씀하셨습니다. "지금 너희가 심지어 죽음까지도 이겨낸 나의 권능을 들었고, 내 권세를 보았으니 세상으로 가라. 그리고 죄 용서의 좋은 소식을 사람들에게 알리라."

'가라'라는 말씀은 세상 사람과 민족 사이로 흩어지라는 뜻이며, 이는 우리에게도 동일하게 적용됩니다. 이 '부르심'은 고향과 친척을 떠나 잘 알려지지 않은 낯선 외국으로 떠나야 하는 다민족 및 다문화 선교에 초점이 맞추어져 있습니다. 그러나 주님은 어디로 가야 하는지를 정확히 말씀해 주지 않으셨습니다. 모든 사람에게 자신의 집을 떠나라고 명령하지도 않으셨습니다. 단순히 모든 민족으로 제자 삼으라고만 말씀하셨습니다.

오순절에 임하신 성령님

복음을 전파할 힘을 성령님이 주시다.

담대해진 제자들

베드로와 요한이 기적을 행하고 담대하게 복음을 전하다.

세상 끝 날까지 너와 항상 함께 있을 거야

마태복음 28장 20절
내가 너희에게 분부한 모든 것을 가르쳐 지키게 하라 볼지어다 내가 세상 끝 날까지 너희와 항상 함께 있으리라 하시니라

예수님은 제자들에게 말씀하셨습니다. 예수님이 제자들에게 주신 말씀은 가서 모든 민족에게 복음을 전하고, 믿는 자들에게는 삼위일체 하나님의 이름으로 세례를 주라는 것이었습니다. 그런데 마태복음 28장 20절

을 보면, 이것이 사역의 끝이 아님을 알 수 있습니다.

예수님이 제자들에게 주신 이 지상 명령은 단순히 전도에만 국한 되지 않습니다. 지상 명령에는 제자도 역시 포함되어 있습니다. 하나님 은 그분이 시작하신 착한 일을 이루실 것이라고 약속하셨습니다(빌 1:6). 그리고 주님에 관해 배우고 주님께 순종하는 것을 통해 그 사역에 동참 하라고 말씀하셨습니다. 더 나아가, 모든 그리스도인은 제자 훈련을 해 야 합니다. 본문에서 볼 수 있듯이, 다른 사람을 가르치는 일에서 면제되 는 사람은 없습니다(마 28:20). 우리는 모두 가서 그리스도 안에서 믿는 자 들을 훈련하도록 부름 받았기 때문입니다.

교회의 사명   알짬 교리 **99**

교회는 십자가에 못 박혔다가 부활하신 왕 예수님에 관한 복음을 믿음으로써 연합된 백성을 가리킵니다. 또한 교회는 하나님 나라의 표시이자 도구입니다. 교회의 사명은 성령님의 권능으로 세상으로 나아가 다른 사람을 제자로 삼는 것입니다. 이를 위해 교 회는 복음을 선포하고, 계속되는 회개와 믿음 가운데 다른 사람을 초대하고, 그리스도 의 주권에 순복하여 하나님의 영광과 세상의 유익을 위해 삶으로써 복음의 능력과 진 리를 나타내야 합니다.

그리스도와의 연결

예수님은 성부 하나님께로 승천하시기 전에, "가서 모든 민족을 제자로 삼으라"라는 명령을 제자들에게 위임하셨습니다. 예수님의 권세 아래, 우리는 사람들에게 아버지와 아들과 성령의 이름으로 세례를 주고, 그리 스도께서 우리에게 분부하신 모든 것을 그들에게 가르쳐 제자로 삼아야 합니다. 세상으로 나아갈 때 우리는 우리와 함께하겠다고 하신 그리스도 의 약속을 신뢰해야 합니다.

나눔 공동체가 된 초대교회

연합과 관대함을 교회가 보여 주다.

첫 번째 순교자

스데반이 자신의 삶과 죽음으로 예수님을 드러내다.

전도와 제자도는 같은 배에 달린 두 개의 노입니다.
노를 딱 한 개만 저으면, 배는 제자리를 돌게 됩니다.
목적지에 도달하려면, 두 개의 노로 똑바로 항해해 가야 합니다.
전도도 필요하고, 지상 명령을 수행할 제자도도 필요합니다.
복음은 전도를 통해 전해지고, 이후 제자도를 진행하면서 실행에 옮겨집니다.

로비 갤러티 Robby Gallaty

하나님이 들려주시는 이야기는 오늘을 사는 나와 늘 연결되어 있습니다. 아래 질문에 답하면서 성경 이야기가 내 이야기와 어떻게 연결되는지 생각해 봅시다.

▶ 어떤 두려움이 예수님이 주신 사명에 순종하지 못하도록 가로막고 있나요?

▶ 하늘과 땅의 모든 것을 다스리시는, 실재하는 예수님의 권세가 그런 두려움들을 어떻게 극복하게 만드나요?

▶ 지상 명령의 일부분인 세례의 중요성을 간과한다면 어떻게 될까요? 지상 명령에서 세례의 의미는 무엇일까요?

▶ 사람들에게 예수님의 명령을 가르치고, 그들이 순종하도록 격려할 수 있는 실용적인 방법은 무엇일까요?

하나님의 이야기
하나님이 그분의 아들
예수 그리스도를 통해
우리를 구속해 주신 이야기

우리의 이야기
우리의 이야기가
하나님의 이야기와
만나는 곳

YOUR MISSION

생각

제자들은 가서 다른 사람을 제자로 삼으라는 명령을 받았습니다. 성경에 따르면 제자란 예수님처럼 살기 위해 예수님께 배우는, 예수님을 따르는 사람입니다. 그래서 예수님을 따르는 사람들은 가서 예수님을 따를 다른 사람들을 찾으라는 명령을 받습니다. 다시 말하면, 구원이 주님께 속했으며 오직 주님만이 구원해 주실 수 있음에도 불구하고, 주님이 구원 사역의 놀라운 역할을 우리에게 허락하셨다는 것입니다. 우리는 복음을 전함으로써 새 신자들을 제자로 삼고 그들을 기독교 세계관으로 무장시킵니다.

- 성숙한 믿음의 사람에게서 제자 훈련을 받아 본 적이 있나요?
- 제자 삼는 일에 관해 서로 어떻게 격려할 수 있을까요?

마음

두려움 때문에 복음을 전하고 싶지 않다는 생각에 빠지기도 합니다. "무엇을 말해야 하나, 사람들이 받아들일까, 그들의 눈을 어떻게 쳐다보나, 폭력적으로 나오면 어쩌지?" 그러나 예수님께 초점을 맞추고 전할 때, 우리는 두려움에서 벗어날 수 있습니다. 예수님이 이렇게 말씀하셨기 때문입니다. "몸은 죽여도 영혼은 능히 죽이지 못하는 자들을 두려워하지 말고 오직 몸과 영혼을 능히 지옥에 멸하실 수 있는 이를 두려워하라"(마 10:28).

- 복음을 전하면서 의도와 달리 예수님 대신 자신을 전하게 되는 때는 언제인가요?
- 두려움을 느낄 때, 예수님의 권세가 어떻게 도움이 될까요?

행동

대부분의 사람들처럼 우리도 하루하루를 사느라 바빠서 그로 인해 궁극적인 사명을 잊을 수 있습니다. 위대한 보물이 담겨 있는 복음은 이 세상이 필요로 하는 최고의 그리고 유일한 소식입니다. 우리는 또한 우리와 항상 함께하신다는 예수님의 약속을 성취하는 성령님을 통해 하나님의 은혜 가운데 복음을 전할 능력을 받았습니다. 이제 우리는 가서 모든 민족을 제자로 삼을 기회를 주시길 하나님께 요청하고, 부활한 왕이신 예수 그리스도에 관해 전할 때 신실하고 담대할 수 있도록 기도해야 합니다.

- 사람들에게 복음을 전하여 제자로 삼기 위해 어디까지 가 보았나요?
- 어떻게 하면, 공동체나 교회가 가서 모든 민족을 제자로 삼으라는 지상 명령을 수행하기 위해 서로 협력하고 지원할 수 있을까요?

다음 모임까지 에스더 6~10장; 말라기 1~4장; 시 50편을 읽어 보세요.

이것은 헤어짐의 약속이 아니야

성 경 말 씀	사도행전 1장 4~14절
포 인 트	성령님의 도움 없이는 하나님이 주신 선교 사명을 이룰 수 없다.
등 장 인 물	예수님(하나님의 아들, 성자 하나님) 제자들(예수님이 그분의 사역에 동참하고 복음을 전하게 하려고 선택하신 사람들)
메시지 좌표	제자들은 모든 민족을 제자로 삼으라는 명령을 예수님께 받았습니다. 예수님의 위임은 제자들에게 큰 과제이며 동시에 새로운 사역이자 사명이었습니다. 그렇게 거대한 규모의 일을 어떻게 성취할 수 있을까요? 예수님이 함께해 주실까요? 여전히 박해받게 될까요? 무슨 말을 할 것이며, 사람들은 왜 그들의 말에 귀를 기울이게 될까요? 머릿속에 어떤 질문이 떠오르든지 간에, 예수님이 지상에서 마지막으로 하신 말씀은 그들이 알아야 할 것들이었습니다.

하나님 아버지의 약속을 기다려라

사도행전 1장 4~5절
사도와 함께 모이사 그들에게 분부하여 이르시되 예루살렘을 떠나지 말고 내게서 들은 바 아버지께서 약속하신 것을 기다리라 요한은 물로 세례를 베풀었으나 너희는 몇 날이 못 되어 성령으로 세례를 받으리라 하셨느니라

예수님은 부활하신 후 하늘로 올라가셨습니다. 그러므로 그 전에 이 땅에서 그분의 이름으로 사역할 제자들을 준비시켜 두고자 하셨습니다. 그래서 곧 임하게 될 하나님 아버지의 약속을 예루살렘에서 기다리라고 제자들에게 명령하셨습니다(행 1:4).

사도행전 1장 5절에서 예수님은 '아버지의 약속'을 설명해 주셨습니다. 삼위일체 하나님의 세 번째 위격이신 성령님을 곧 받을 것이라고 제자들에게 알려 주셨습니다. 성령님을 보내 주신다고 하는 하나님 아버지의 놀라운 약속인 세례는 예수님을 따르는 자라는 정체성을 영원히 규정해 줄 것입니다.

하나님의 때를 기다리며 어려움을 경험한 적이 있나요? 그 이유는 무엇이었나요?

_____

_____

본문에서 하나님이 제자들에게 주신 약속의 놀라운 점은 무엇인가요? 이 약속은 오늘 당신에게 무엇을 깨닫게 하나요?

_____

_____

승천하신 예수님

예수님이 성령님을 보내겠다고 약속하시다.

오순절에 임하신 성령님

복음을 전파할 힘을 성령님이 주시다.

그리스도의 영은 선교의 영입니다.
그분께 가까워질수록 더욱 열정적인 선교사가 됩니다.
헨리 마틴Henry Martyn

오직 이것만 생각하렴

사도행전 1장 6~8절
그들이 모였을 때에 예수께 여쭈어 이르되 주께서 이스라엘 나라를 회복하심이 이때니이까 하니 이르시되 때와 시기는 아버지께서 자기의 권한에 두셨으니 너희가 알 바 아니요 오직 성령이 너희에게 임하시면 너희가 권능을 받고 예루살렘과 온 유대와 사마리아와 땅끝까지 이르러 내 증인이 되리라 하시니라

하나님 나라는 예수님과 관련 있습니다. 그 나라는 제자들과 함께 있어 왔고, 세상 끝 날까지 계속해서 함께할 것입니다(마 28:20). 그러나 오직 하나님만이 예수님이 재림하시는 때와 날을 아십니다. 그때 하나님 나라가 완전해지고, 하나님의 백성과 모든 피조물이 완전히 회복될 것입니다.

　　　　예수님은 제자들이 알 길 없는 하나님 나라의 세세한 것으로부터 그들 앞에 당면한 사명으로 관심을 돌리게 하셨습니다. 사명을 감당할 때이기 때문입니다. 예수님은 마태복음 28장 19절에서 제자들에게 "가서 모든 민족을 제자로 삼으라"라고 구체적으로 사명을 제시해 주셨습니다. 그 사명에 관해 사도행전 1장에서 더 자세히 설명해 주셨습니다.

담대해진 제자들
베드로와 요한이 기적을 행하고
담대하게 복음을 전하다.

너희가 본 그대로 다시 오리라

사도행전 1장 9~14절
이 말씀을 마치고 그들이 보는데 올려져 가시니 구름이 그를 가리어 보이지 않게 하더라 올라가실 때에 제자들이 자세히 하늘을 쳐다보고 있는데 흰 옷 입은 두 사람이 그들 곁에 서서 이르되 갈릴리 사람들아 어찌하여 서서 하늘을 쳐다보느냐 너희 가운데서 하늘로 올려지신 이 예수는 하늘로 가심을 본 그대로 오시리라 하였느니라 제자들이 감람원이라 하는 산으로부터 예루살렘에 돌아오니 이 산은 예루살렘에서 가까워 안식일에 가기 알맞은 길이라 들어가 그들이 유하는 다락방으로 올라가니 베드로, 요한, 야고보, 안드레와 빌립, 도마와 바돌로매, 마태와 및 알패오의 아들 야고보, 셀롯인 시몬, 야고보의 아들 유다가 다 거기 있어 여자들과 예수의 어머니 마리아와 예수의 아우들과 더불어 마음을 같이하여 오로지 기도에 힘쓰더라

**나눔 공동체가
된 초대교회**
연합과 관대함을 교회가 보여 주다.

예수님이 하늘로 올라가신 것은 단순한 한 사건에 불과했습니다. 그러나 이를 통해 제자들은 하나님이 그들과 함께하시며, 그분의 약속은 참되며, 예수님이 떠날 때의 모습 그대로 다시 오실 것임을 다시 한 번 상기할 수 있었습니다. 이것은 그들을 향하신 하나님의 은혜였습니다. 예수님은 구름 속으로 떠나셨고, 하늘의 구름을 타고 다시 오실 것입니다.

제자들은 예수님이 자신들의 눈앞에서 보이지 않게 되자, 집으로 돌아와 서로 섬기면서 한마음으로 기도하고 기다렸습니다. 그들은 하나님의 약속이 참되다는 것을 알았기에 자신들에게 주어진 사명에 관해 염려하지 않았습니다.

그리스도의 높아지심

그리스도의 죽음이 낮아지심의 궁극적인 예였다면, 그리스도의 부활은 높아지심을 보여 주는 영광스러운 첫째가는 예입니다. 하나님은 그리스도를 죽은 자 가운데서 살리시고, 아버지의 우편으로 올라오게 하심으로써 그분을 높여 주셨습니다. 그리스도께서 다시 오실 때, 모든 피조물이 그분을 높일 것입니다. 이 모든 것이 합쳐져서 그리스도의 영광과 존귀를 더 크게 할 것이며, 죄인을 구하신 그리스도의 은혜의 영광을 찬양하게 될 것입니다.

첫 번째 순교자

스데반이 자신의 삶과 죽음으로
예수님을 드러내다.

그리스도와의 연결

예수님의 승천과 하나님 우편에 앉으심은 시편 110편의 성취이며, 하나님이 예수님을 온 우주의 주로 보이셨다는 표징입니다. 하나님의 우편에 앉으신 예수님은 그분의 백성을 위해 중보하시며, 우리가 아버지께로 나아갈 수 있게 하시고, 인간이 온 세상을 다스리게 하신 본래 의도를 성취하십니다. 우리는 떠나셨을 때와 같은 모습으로 이 세상에 다시 오실 예수님을 기다립니다.

에티오피아인 여행자

빌립이 복음의 메시지를
충실하게 전하다.

복음을 전하겠다는 마음을 갖게 되는 것은 매우 감동적인 일입니다.
예수님을 따른다면 복음이 땅끝뿐 아니라 그들의 공동체에도 이르기를 열망합니다.
전도 받지 못한 이웃에 대한 부담감이 없다면,
전도 받지 못한 외지 사람에 대한 부담감 역시 없을 것입니다.
그리스도인은 그들의 십자가 사역이 나라와 인종을 넘어선다는 것을 압니다.
그리스도께서는 세상을 품으라고 말씀하십니다.
해외 선교사들에게 전도 받은 사람을 위해서나 집에 있는 사람을 위해서나
기도하는 사람의 마음은 매한가지입니다.
교회를 향한 예수님의 마지막 말씀은 광활한 마음을 요구하십니다.
R. 켄트 휴스 R. Kent Hughes

12 이것은 헤어짐의 약속이 아니야

하나님이 들려주시는 이야기는 오늘을 사는 나와 늘 연결되어 있습니다. 아래 질문에 답하면서 성경 이야기가 내 이야기와 어떻게 연결되는지 생각해 봅시다.

▶ 우리는 자신이 살아가는 동안 성령님이 필요하다는 사실을 왜 쉽게 간과할까요?

▶ 제자들은 하나님 나라와 관련된 하나님의 계획이나 하나님의 때를 알지 못했습니다. 우리는 하나님의 계획이나 하나님이 일하시는 방법과 같은 삶의 신비를 어떻게 다루고 있나요?

▶ 제자들에 대한 예수님의 반응은 미지의 인생을 살아가는 우리에게 어떤 격려를 줄까요?

▶ 알 수 없는 일에 부딪힐 때, 예수님의 중보가 어떤 힘이 되나요?

하나님의 이야기
하나님이 그분의 아들
예수 그리스도를 통해
우리를 구속해 주신 이야기

우리의 이야기
우리의 이야기가
하나님의 이야기와
만나는 곳

YOUR MISSION

생각

제자들은 약속의 성취를 확신하며 기다릴 수 있었습니다. 왜냐하면 하나님의 말씀은 진실하고 순전하며 확실하기 때문입니다. 그렇게 하겠다고 말씀하시면 반드시 하실 것입니다. 하나님의 약속은 우리의 약속과 같지 않습니다. 즉 우리는 어떤 것을 한다거나 어디로 갈 것이라고 약속할 수 있지만, 그 약속을 깨기도 합니다. 물론 항상 고의로 또는 악의적으로 약속을 깨는 것은 아닙니다. 상황이 그렇게 만들 때도 있습니다. 그러나 하나님은 상황의 통제를 받지 않으십니다. 하나님이 약속하셨다면, 그것을 이루실 것입니다.

- 우리의 세속적인 관점은 하나님의 약속을 바라보는 관점에 어떤 영향을 미칠까요?
- 하나님이 약속을 신실하게 지키시리라는 믿음에 방해가 될 수 있는 것은 무엇인가요?

마음

예수님이 떠나시자, 제자들은 곧바로 계획을 세우려고 하지 않았습니다. 종종 우리의 준비는 바쁘고 치열하며 심지어 정신없어 보이기까지 합니다. 그러나 예수님을 따르는 자들은 그렇지 않았습니다. 그들은 성령님을 고대하며 앉아서 기도했습니다. 그들은 믿음과 단호한 결심과 사랑으로 하나가 되었습니다. 그래서 그들은 기다리고 휴식하면서 다가올 일을 위해 기도했습니다. 예수님은 그들에게 사명을 주셨고, 놀라운 선물이신 성령님은 그들을 통해 (또한 우리를 통해) 그 사명을 이루기 위해 강력하게 일하실 것입니다.

- 삶의 어떤 영역에 대해 불안해하며 하나님과 그분의 약속을 믿지 못하고 있나요?
- 그런 일에 부딪히면, 어떻게 반응해야 할까요?

행동

예수님은 성령님이 오실 때, 즉 성령님이 임하실 때(행 1:8) 제자들이 권능을 받게 될 것이라고 말씀하셨습니다. 이것은 단순히 어떤 권력이 아니라 삼위일체의 세 번째 위격의 권능입니다. 그 동일한 권능이 예수님을 무덤에서 살아나게 하셨습니다. 성령님은 그리스도인이 예수님의 사역을 감당하기 위해 거룩하며 순종하며 신실하려고 할 때 그들을 돕습니다. 제자들이 경험했던 것처럼, 담대하게 복음을 말하고 선포하는 유일한 방법은 성령님의 권능을 받는 것이었습니다.

- 성경에 나타난 성령님의 권능에는 어떤 것이 있을까요?
- 성령님의 능력을 힘입는 것이 지상 명령을 수행하는 데에 미치는 영향은 무엇일까요?

다음 모임까지 에스라 7~10장; 느헤미야 1~4장을 읽어 보세요.

예수님 부활의 증거

1. 고고학으로 보면, 누가가 매우 정확한 역사가임을 알 수 있습니다. 누가가 32개 나라, 54개 도시, 그리고 9개 섬에 대해 했던 언급은 매우 정확했습니다. 누가는 부활을 그의 복음서에서 가장 중요한 부분으로 다루었습니다.

2. 예수님이 십자가에 못 박히신 후 8년에서 20년 기간에 많은 역사가들이 예수님의 부활에 대해 자신들의 소신대로 기록했습니다. 이러한 초기 자료를, 신화가 발전한다고 해서 다르게 바꾸고 새롭게 고칠 수 없습니다.

3. 예수님의 대적자들은 증거로서 그분의 몸을 제시했을 수도 있었습니다. 그러나 예수님의 시신에 대한 보고는 없습니다.

4. 예수님은 죽음에서 부활하신 후 500명이 넘는 사람들에게 보이셨습니다. 이 사람들은 예수님과 함께 먹고 대화했습니다.

5. 부활을 최초로 목격한 사람들은 여자들이었습니다. 1세기 당시 여자들은 신뢰할 만한 증인으로 고려되지 않았습니다. 만일 예수님을 따르는 사람들이 신화를 조작했었다면 그들은 증인으로 여자들보다는 남자들을 사용했을 것입니다.

6. 만일 사람들이 잘못된 무덤으로 갔다면, 그 무덤의 주인인 아리마대 요셉과 유대인 당국자들이 그것을 바로잡았을 것입니다.

7. 무덤을 봉했던 돌의 무게는 약 900~1,800kg(2천~4천 파운드) 이상이었으며 바깥쪽에서만 움직일 수 있었습니다. 만약 몸이 사라졌을 때 경비병들이 자고 있었다면, 어떻게 그들은 제자들이 시신을 훔쳤다는 것을 알 수 있었을까요?

8. 예수님의 부활은 구약성경의 예언을 성취한 것입니다(참조, 시 16:9~11; 49:15; 86:13; 사 25:8; 53:9)

9. 제자들은 예수님이 가장 필요로 하는 시간에 예수님을 버린 겁쟁이들이었습니다. 그들은 경비병들을 지나 무덤까지 가서 엄청 무거운 돌을 조용히 옮기고 무덤을 탈취한 후 들키지 않게 떠날 용기가 없었습니다. 제자들은 부활하신 예수님과 만난 후에야 겁쟁이에서 죽기까지 믿음을 지키는 용감한 자로 변화되었습니다.

10. 목격자

   • 두 여인(마 28:8~10)
   • 막달라 마리아(요 20:15~18)
   • 엠마오로 가는 두 제자(눅 24:13~36)
   • 베드로(눅 24:34)
   • 10명의 제자들(요 20:19~25)
   • 11명의 제자들(요 20:26~31)
   • 고기를 잡았던 제자들(요 21:1~23)
   • 갈릴리산 위의 11명의 제자들(마 28:10~20)
   • 500명이 넘는 사람들 (고전 15:6)
   • 야고보(고전 15:7)
   • 예수님의 승천(행 1:3~10)

예수님이 받으신 고난의 의미

예수님이 받으신 고난	구약성경의 예언	예수님의 제자가 받는 고난	예수님의 제자가 따라야 할 본과 명령
시험받으심 (마 4:1~11; 히 2:18)	첫 아담이 시험받음(창 3:1~7) 이스라엘이 광야에서 시험받음 (민 1~36; 신 1~34)	인류에게는 내부에서건 외부에서건 유혹이 있음 (고전 10:1~13; 약 1:14~15)	하나님이 신실하시다는 것과, 우상 숭배로부터 피할 길을 주시는 것과, 시험을 감당하게 하시고 벗어나게 하실 것을 믿으라(고전 10:13~14) 문맥에 따라 성경을 인용하라(마 4:4, 7, 10)
배반당하심 (마 26:14~16, 47~50; 눅 24:7; 요 13:18; 행 1:16)	친구에게서 배반당함(시 41:9) 그들이 은 삼십을 품삯으로 삼음 (슥 11:12~13)	많은 사람이 예수님의 이름 때문에 가족과 친구로부터 배반당함(눅 21:16~17)	예수님의 고난에 참여하는 것을 기뻐하고, 선을 행하는 동안 신실하신 창조주께 의탁하라(벧전 4:13~19)
하나님이 주신 진노의잔의무게를 절실히 느끼심 (마 26:36~44)	모든 악인을 향한 진노의 잔(시 75:8) 주님의 분노의 잔(사 51:17~20) 열방을 향한 진노의 술잔(렘 25:15~19)		
제자들에 의해 버림받으심 (마 26:31, 56) 베드로에게 세 번 부인을 당하심 (마 26:69~75)	목자를 치면 양이 흩어짐(슥 13:7)	그리스도 안의 형제자매가 서로에게 죄를 지을 수 있음 (마 18:15)	회개, 화해, 회복, 용서를 구하라(마 18:15~22; 요 21:15~19)
조롱당하시고, 매질당하시고, 거짓 혐의로 고소당하심 (마 26:57~68; 27:27~31, 39~44)	멸시, 거절, 억압, 고통 가운데 고난을 당하는 종(사 53:3, 7) 조롱과 거절을 당하고 비웃음거리가 되는 시편 저자 (시 22:6~8)	예수님의 이름 때문에 세상으로부터 고난과 박해를 당함 (마 5:10~11; 요 15:20~21; 16:33)	기뻐하고 즐거워하며 용기를 가져라 (마 5:12; 요 16:33) 맞대어 욕하지 말고, 위협하지 말며, 공의로 심판하시는 분께 맡겨라(벧전 2:21~23)
십자가에 못 박혀 우리 대신 하나님의 진노의 잔을 받으심(마 27:33~50; 요 19:16~37)	유월절(출 11~13장) : '주의 만찬'-새 언약의 떡(주님의 상한 몸)과 잔(주님이 흘리신 피)으로 새롭게 제정됨 하나님께 버림을 받는 시편 기자 (시 22:1) 악한 무리에 찔린 수족(시 22:14~18) 다른 사람의 죄악 때문에 상하고 채찍에 맞는 고난받는 종(사 53:5) 상하고 질고를 당하여 그 영혼을 속건 제물로 드려 주님을 만족하시게 함 (사 53:10) 그들이 찌른 자를 바라봄(슥 12:10)		

구약성경(모세와 모든 선지자)에 따르면, 메시아는 이런 고난을 겪고 영광으로 들어가야 합니다(눅 24:26~27).